La Vida llena del Espíritu

Mónica E. Mastronardi de Fernández

Iglesia del Nazareno
Región Mesoamérica

· DISCIPULADO ·
abcde
crecimiento en santidad

Nivel C - Crecimiento en Santidad
Jóvenes/Adultos

Título: La vida llena del Espíritu

Libro de "Discipulado ABCDE"
Etapa C - Crecimiento en santidad
Serie: Llenos del Espíritu
Guía de estudio para Jóvenes/Adultos

Autor: Mónica Mastronardi de Fernández
Edición: Dra. Mónica Mastronardi de Fernández
Revisores: Jerald Rice, Dorothy Bullón, Rubén E. Fernández, Samuel Pérez.

Con la colaboración de:
BSc. Joel Poveda (lección 4,5,6,8)
Dr. Rubén E. Fernández (lección 12).

Primera edición 2008
2da Edición y actualización 2017

Material producido por: Iglesia del Nazareno, Región Mesoamerica
Ministerio de Discipulado y Escuela Dominical www.MIEDDrecursos.mesoamericaregion.org
Discipleship@mesoamericaregion.org

Publica y distribuye
Asociación Región Mesoamérica
Av. 12 de Octubre Plaza Victoria Locales 5 y 6
Pueblo Nuevo Hato Pintado
Ciudad de Panamá
Tel. (507) 203-3541
E-mail: literatura@mesoamericaregion.org

Diseño: Juan Manuel Fernández.Ga (www.juanfernandez.ga)
Imagen de portada por Mathew Yeo
Imágenes de portada usada con permiso bajo licencia de Bienes Comunes (Abstracto/Quito)

Impreso en EE.UU.

MINISTERIOS DE ESCUELA DOMINICAL Y DISCIPULADO

Índice de Contenidos 111

Presentación

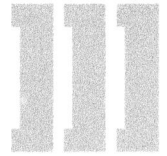

La vida del cristiano es un caminar continuo en el proceso de discipulado, en el cual nuestro ser entero es moldeado conforme al carácter de Jesucristo por el Espíritu Santo. Todos los que hemos "nacido de nuevo" necesitamos participar de este proceso de formación para que podamos llegar a ser cristianos maduros y santos en todas las áreas de nuestra vida.

Este volumen que lleva por título: *La Vida Llena del Espíritu* y es el premer de una serie de tres volúmenes que completan los estudios básicos para el nivel C del plan de Discipulado ABCDE de la Iglesia del Nazareno en la Región Mesoamérica. La serie lleva por nombre: *Llenos del Espíritu* y abarca 9 meses de estudios. Cada libro contiene 13 lecciones de discipulado enfocadas en las necesidades de consolidación y crecimiento de las personas que han sido incorporadas recientemente a la membresía de la iglesia local.

Estas lecciones se han escrito pensando en el maestro discipulador y en la forma en que él o ella debe instruir al grupo de nuevos miembros, a fin de que la enseñanza sea interesante, dinámica y aplicable a sus vidas. Estos libros presentan la doctrina y la práctica de la vida de santidad en un lenguaje sencillo, práctico y a la vez conectado con las ideas del mundo contemporáneo. La vida santa se estudia enfatizando:

a. Los cambios naturales y progresivos que son producidos en el cristiano, como resultado de la acción del Espíritu Santo en su vida; cambios que son observables no sólo por él mismo, sino por todos cuantos le rodean.

b. La vida llena del amor de Dios como requisito indispensable para servir al Señor y a nuestros semejantes.

c. La transformación progresiva y total de la vida del cristiano conforme al modelo de Jesucristo.

Cada lección presenta una nueva oportunidad para que Dios continúe obrando y transformando la mente, los afectos y el estilo de vida del discípulo de Cristo, por medio del estudio de la enseñanza bíblica, ejemplos e ilustraciones, ejercicios de auto evaluación, reflexión, toma de decisiones y el establecimiento de nuevas metas para el crecimiento espiritual.

Es mi oración que estas lecciones ayuden a los miembros de nuestras iglesias a comprender y vivir más al estilo de vida santa de nuestro amado Salvador Jesucristo.

Rev. Monte Cyr
Coordinador de Ministerios de Discipulado
Región Mesoamérica

¿Qué es el Discipulado ABCDE?

En la Iglesia del Nazareno creemos que hacer discípulos a imagen de Cristo en las naciones es el fundamento de la obra misional de la Iglesia y la responsabilidad principal de su liderazgo (Efesios 4:7-16). La labor de discipulado es continua y dinámica, es decir el discípulo nunca deja de crecer a semejanza de su Señor. Este proceso de crecimiento, cuando es saludable, ocurre en todas dimensiones: en la dimensión individual (crecimiento espiritual), en la dimensión corporativa (incorporación a la congregación), en la dimensión santidad de vida (transformación progresiva de nuestro ser y hacer conforme al modelo de Jesucristo) y en la dimensión servicio (invertir la vida en el ministerio).

El plan de discipulado ABCDE ha sido diseñado para contribuir a la formación integral de los miembros de las iglesias del Nazareno en la Región Mesoamérica. En el año 2001 comenzó la publicación de materiales para cubrir todos los niveles. Los tres libros de la serie Llenos del Espíritu corresponden la serie básica para el Nivel C y han sido diseñados para aquellos que habiendo pasado por los anteriores niveles de discipulado con los materiales Nueva Vida en Cristo y Claves para la vida cristiana abundante (Nivel B1 y B2), han sido incorporados a la membresía de la iglesia.

Los libros de la serie Llenos del Espíritu tienen el propósito de guiar al nuevo miembro de la iglesia en su formación integral a semejanza de Jesucristo. Mientras avanza en el estudio de éstos materiales el cristiano o cristiana va descubriendo aquellas áreas de su vida que Jesucristo quiere transformar, para que el Espíritu Santo de amor pueda llenar todo su ser. La vida llena del Espíritu es el requisito indispensable para que cada hijo o hija de Dios pueda realizar el plan especial que Dios tiene para su vida.

· DISCIPULADO ·
abcde
iglesia del nazareno

Dra. Mónica Mastronardi de Fernández
Editora General Discipulado ABCDE
Iglesia del Nazareno - Región Mesoamérica

· DISCIPULADO ·
abcde
iglesia del nazareno

Nivel A | Acercamiento

Evangelismo.

Nivel B | Bautismo y Membresía

Discipulado para nuevos creyentes.

Nivel C | Crecimiento en Santidad

Discipulado "Llenos del Espíritu."

Nivel D
Desarrollo Ministerial

Escuela de Liderazgo.

Nivel D
Desarrollo Profesional

Carreras especializadas en instituciones teológicas.

Nivel E | Educación para la Vida y el Servicio

Crecimiento integral a semejanza de Cristo.

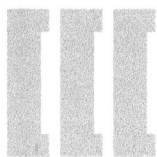

¿Cómo usar este libro?

El libro que tiene en sus manos pertenece a una serie de 3 volúmenes sobre el tema "Llenos del Espíritu". Los libros se han diseñado para ser estudiados en el siguiente orden:

1. La vida llena del Espíritu
2. La mente reenfocada en Cristo
3. La vida llena de fruto

El objetivo de esta serie es ayudar a los miembros de las iglesias del Nazareno a conocer la enseñanza bíblica sobre la vida santa y llevarla a la práctica en su diario vivir, a fin de crecer a semejanza de Jesucristo.

¿Cuánto tiempo abarca el estudio del libro?

Cada libro contiene 13 lecciones. Si puede estudiar una por semana el estudio completo tendrá una duración de 3 meses. Algunos grupos por cuestiones de tiempo prefieren ir más despacio y dedicar dos semanas al estudio de cada lección. En ese caso el estudio del libro llevará 26 semanas (unos 6 meses). Recuerde que el objetivo del discipulado no es correr para completar un libro, sino crecer a la semejanza de Jesucristo, y para crecer necesitamos estudiar, comprender y llevar las nuevas enseñanzas a la vida. De manera que planificar el tiempo para el estudio de cada libro con anterioridad es muy importante, para asegurar el aprendizaje progresivo de los discípulos.

Por su diseño didáctico los libros se pueden utilizar en diferentes modalidades, ya sea en grupos pequeños o bien en clases de un mayor número de personas.

¿Qué contienen las lecciones?

Cada lección contiene lo siguiente:

- Objetivos: Se formulan los objetivos de aprendizaje que se espera que el alumno alcance al terminar el estudio de la lección.

- Recursos: Se incluyen ideas para ilustrar y hacer más interesante el aprendizaje.

- Introducción: Se introduce el tema de estudio de manera interesante para despertar el interés y la participación de los alumnos.

- Estudio bíblico: Esta es la sección mas extensa pues es el desarrollo de los contenidos de la lección. Estas lecciones se han escrito pensando en que el libro es el maestro, por lo que su contenido se expresa en forma dinámica, en lenguaje sencillo y conectado con las ideas del mundo contemporáneo. En esta sección se incluyen notas al maestro para recordarle los ejercicios de la Hoja de Actividades que los alumnos deben ir completando a medida que se desarrollan los contenidos de la lección.

- Resumen de la enseñanza principal de los pasajes estudiados: En un recuadro al final se provee un resumen breve de lo aprendido en la lección. Este resumen es muy útil para usar al final de la clase como cierre y/o en la siguiente sesión para recordar los temas tratados.

- Definición de términos claves: Ésta sección tiene el propósito de aclarar o ampliar el significado de algunos términos que contiene la lección.

- Hoja de actividades: Al final de cada lección se ubica esta página con actividades de aprendizaje individuales o grupales relativas al tema estudiado. El diseño de ésta página permite hacer copias para los estudiantes, aunque lo más recomendable es que cada participante tenga una copia del libro.

- Lecturas recomendadas: Al final de la Hoja de Actividades se incluyen lecturas bíblicas relativas a los temas estudiados, que alumnos y maestro pueden usar en sus devocionales durante la semana.

¿Cuál es el rol del alumno?

El alumno es responsable de:

1. Adquirir el libro y estudiar cada lección antes de cada clase. Esto es lo más recomendable, dependiendo de las posibilidades de cada iglesia.

2. Asistir puntualmente a las clases.

3. Participar en las actividades en clase completando la Hoja de Actividades.

4. Poner en práctica en su vida las enseñanzas de la Palabra.

¿Cuál es el rol del maestro o maestra del curso?

1. Prepararse con anterioridad estudiando el contenido de la lección y programando el uso del tiempo en clase. Al estudiar la lección deberá tener a mano la Biblia y un diccionario para consultas. Pondrá atención al vocabulario que se usa en las lecciones, para explicar en palabras sencillas lo que considere de difícil comprensión a sus alumnos y alumnas.

2. Permitir que el Espíritu Santo transforme su vida y poner en práctica las enseñanzas que son nuevas, a fin de ser ejemplo a sus alumnos.

3. Orar cada día para que los objetivos de cada lección se hagan realidad en la vida de sus discípulos y discípulas. Orar por las necesidades específicas de cada uno de ellos y ellas.

4. Sacar copias de la Hoja de actividades para todos los alumnos. Completar las actividades con anterioridad para familiarizarse con los ejercicios.

5. Preparar los recursos didácticos con suficiente antelación.

6. Relacionarse con los discípulos y discípulas fuera de clase. Éstas lecciones tienen el objetivo de transformar la vida de las personas conforme al modelo de Jesús. Converse con ellos y ellas para conocer cómo están aplicando en sus vidas las enseñanzas y para saber cómo puede ayudarles.

¿Cómo enseñar una clase?

La duración de una lección tiene un tiempo estimado de 90 a 120 minutos dependiendo de la cantidad de alumnos y su participación. Si hay copias suficientes del libro los alumnos podrán leer la lección con anterioridad.

En el desarrollo de la lección se incluyen indicaciones para las actividades en que los alumnos participan, tales como lecturas de la Biblia, preguntas de discusión o ejercicios para completar de la Hoja de Actividades.

Ya sea que escojan estudiar una lección por semana o una lección en dos semanas, recomendamos distribuir el tiempo de la siguiente manera (para 90 minutos de clase):

- 5 minutos: Bienvenida, enlace con el tema de la lección anterior y orar juntos.
- 10 minutos: Introducción al tema de la lección.
- 60 minutos: Desarrollo de la lección. Se recomienda usar medios visuales como pizarra, gráficos, dibujos, objetos, láminas, entre otros y fomentar la participación de los estudiantes por medio de preguntas; asignar a los alumnos que presenten una parte de la lección, etc.
- 10 minutos: compartir testimonios y tiempo de oración por los asuntos surgidos en la lección (desafíos, situaciones personales, problemas, metas, agradecimiento, entre otros).
- 5 minutos: Anuncios, despedida y saludos.

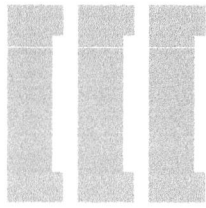

¿Quiénes somos y para qué vivimos?
LECCIÓN 1

⚑ Objetivos de la lección

Que el alumno...

- Conozca el propósito para el cual el Creador nos ha dado la vida.

- Reconozca que somos una creación especial de Dios, con dones valiosos para usarlos en su obra en este mundo.

- Tome conciencia de que la vida santa es la forma "natural" de vivir para la cual fuimos creados así como el pecado es un mal adquirido y no necesariamente la condición natural del cristiano.

- Ponga metas para reordenar su vida conforme a los propósitos de Dios.

📎 Recursos

- Unas 16 fotos de animales y/o personas adultas y fotos de sus cachorros o hijos en que se puedan reconocer las semejanzas con sus progenitores, pegadas en hojas de papel (uno en cada hoja, en una el padre, en otra el cachorro y así sucesivamente). Por ejemplo: perros de diferentes razas adultos y cachorros. Resulta más difícil con imágenes de personas adultas y sus hijos. Procure que se puedan ver las semejanzas, para que la actividad logre su propósito. También puede incluir algunas fotos sueltas, o sea sólo del cachorro o sólo del padre para que algunos queden sin encontrar su semejanza.

Introducción ▌▌▌

En este trimestre aprenderemos acerca del propósito para el cual cada uno de nosotros fue creado y salvado por Jesucristo. Para ello comenzaremos estudiando en esta lección los pasajes bíblicos que hablan sobre la historia de los orígenes de la raza humana para descubrir ¿cuál es la razón por la cual Dios nos ha dado la vida? Conoceremos que tú y yo tenemos una misión valiosa que realizar en esta vida para con Dios y para con nuestros semejantes.

Debido a que muchas personas ignoran o han olvidado ese propósito, Dios por medio de su Palabra nos revela este maravilloso plan para nuestra vida y nos llama a entrar en él.

Estudio Bíblico ▌▌▌

1. Fuimos creados a semejanza de Dios

▌▌▌ **Inicie el estudio pidiendo a un alumno que lea los versículos de Génesis 1:26-27.** ▌▌▌

Este pasaje nos habla de que los seres humanos no somos el fruto de un accidente genético; nuestra vida no vino a la existencia como fruto de miles de años de evolución natural, sino que somos una obra de creación especial de Dios *"...Jehová Dios formó al hombre..."*.

La enseñanza más importante que resalta dos veces el verso 27 es que fuimos creados a "imagen" del Creador: *"Y creó Dios al hombre a su imagen, a imagen de Dios lo creó; varón y hembra los creó."*

▌▌▌ **Distribuya sobre una mesa o en el suelo las fotos de progenitores y sus hijos. Pida a los alumnos que unan a cada cachorro o hijo con sus padres dejándose guiar por las semejanzas físicas. Luego pregunte: ¿Cómo pudimos darnos cuenta de quién era hijo de quién? La respuesta será: por el parecido. Concluya el ejercicio diciendo: "De la misma manera la Biblia dice que Dios nos creó a su imagen."** ▌▌▌

··o **Realice con los alumnos la actividad 1.**

El misionero veterano Wesley Duewel afirma: "Posiblemente jamás comprendamos completamente todo lo que significa el ser hechos a imagen de Dios hasta que nos encontremos con Jesús en el cielo."[1]

Por medio de esta imagen Dios ha estampado su marca en cada uno de nosotros. Sin esa estampa no seríamos más que polvo de la tierra. Ser imagen de Dios es lo que nos da nuestra identidad

---

[1] Wesley L. Duewel *Dios te ofrece su gran salvación*. Nappanee, Indiana: Evangel Publishing House, 2000. p. 20.

como miembros de la familia humana, cuyo árbol genealógico tiene su origen en el Creador. Esta semejanza de Dios está presente en cada niño que nace en este mundo y a pesar de que ha sido estropeada por el pecado, todavía podemos apreciarla. Algunas de estas capacidades especiales que Dios ha compartido con nosotros son: la libertad de escoger, la capacidad de comprender intelectualmente. También nos ha dado la habilidad de comunicarnos con otros, de compartir nuestros deseos, nuestros sueños y nuestras emociones. A este conjunto de características que Dios nos ha impartido a los seres humanos se le conoce como la "imagen natural".

·······························o **Complete con los estudiantes la actividad 2.**

Dios nos creó como seres espirituales

La palabra "espíritu" significa "soplo de Dios que otorga vida" (Génesis 2:7; Job 33:4; Ezequiel 37:9).

Cuando Dios formó al hombre y la mujer lo hizo con el polvo de la tierra, un material que no era especial. Lo que hizo la gran diferencia fue "el soplo de vida" de Dios. Esto fue lo que nos diferenció de todas las demás cosas y seres creados. Dios ha puesto en nosotros "espíritu".

Los seres humanos somos seres de naturaleza espiritual. El espíritu es quien nos mantiene vivos. Sin él somos materia inerte. ¿Qué pasa con las personas cuando expiran? El espíritu sale de ellas y su cuerpo ya no tiene vida… al poco tiempo se vuelve polvo… ¿Qué es lo que nos mantiene con vida entonces? El espíritu.

Dios tomó la decisión de crearnos como seres espirituales, con cuerpos físicos y con naturaleza humana. Este espíritu nos capacita para vivir eternamente, más allá de la muerte física. En este sentido somos semejantes a los ángeles, que fueron creados antes que el cielo, la tierra y los seres humanos (Job 38:4-7; Génesis 1:1). Los ángeles fueron creados santos y viven en comunión perfecta y en obediencia amorosa a Dios. Los ángeles no tienen un cuerpo físico como el nuestro.

De allí que el valor del ser humano no reside en su capacidad intelectual o en sus habilidades para hacer grandes obras; sino de esa vida que Dios le transmitió de Sí mismo, al soplar Su Espíritu de vida sobre él.

Los seres humanos han sido creados por Dios con un "espacio vacío" que sólo puede ser llenado plenamente por el Espíritu Santo de Dios. La presencia de este Espíritu en su ser, es lo que hace posible que una persona pueda cultivar una relación armoniosa con su Creador.

Fuimos creados santos como Dios es Santo

La imagen de Dios en nosotros va más allá, Dios compartió con nosotros sus atributos morales. Esto significa que fuimos hechos con la capacidad de reproducir el carácter de Dios en nuestra vida, o sea de ser como Él es.

·······························o **Pida a los alumnos que completen la actividad 3.**

La esencia de Dios compartida con el ser humano incluye su carácter santo, o sea que fuimos creados con la capacidad de vivir en santidad. Fuimos diseñados para ser santos y todo lo que somos procede de un Dios santo. Dios no ha creado nada que sea contrario a su propia naturaleza santa.

Fuimos creados con necesidad de tener comunión y compañerismo con Dios

La relación de nuestros primeros padres con Dios era perfecta. Lo que hacía posible este compañerismo con el Creador era la santidad y pureza en que ellos vivían. La primera pareja conocía a Dios cara a cara y conversaba con Él.

Pero por causa del pecado esta relación quedó interrumpida. El único camino por el cual puede recobrarse esta relación perdida es Jesús, el único y suficiente Salvador. Jesús es el camino al Padre, el único que nos restaura al compañerismo con Dios (Juan 14:6-7).

> ||| Lean juntos Juan 14:23. Jesús dice que Dios desea restablecer esa relación con cada uno de sus hijos, pero hay una condición. Pregunte a la clase: ¿Cuál es? La respuesta correcta es: "Que vivamos en obediencia a su Palabra." |||

·····································○ Completen la actividad 4.

Fuimos creados con libertad de tomar decisiones

Dios creó a los ángeles con libre albedrío. Más adelante creó al hombre y la mujer con el poder de escoger libremente. Lamentablemente los seres humanos hemos abusado de esta libertad. En lugar de usarla para obedecer a Dios, hemos elegido hacer lo opuesto a Su voluntad cometiendo actos de pecado y permitiendo que este echara raíces en nuestro corazón y se convirtiera en el motor de nuestra voluntad. Dios no ignoraba esto, pero aun a sabiendas que el hombre y la mujer podían traicionar su amor y su confianza, Él se arriesgó y nos creó con libre albedrío.

Para nuestra mente limitada es difícil entender lo maravillosa que es esta libertad que se nos ha dado y la gloria que la misma trae a nuestro Dios, ni las consecuencias en bendiciones eternas que traslada a nuestra vida y a las de toda la humanidad cuando una persona decide por voluntad propia, vivir en obediencia perfecta a la voluntad de Dios.

Sí, Dios nos hizo con la posibilidad de pecar, pero también nos hizo capaces de aceptar su oferta de salvación en Jesucristo quien nos ha provisto libertad completa del dominio del pecado.

2. Toda vida humana es valiosa porque tiene un propósito santo

¿Ha escuchado alguna vez esta queja de sus hijos? "Papá, estoy aburrido…" Por lo general los padres comenzamos a dar sugerencias de algunas cosas que para nosotros son "productivas" en las que podrían usar el tiempo, como ser cortar el césped, barrer la cocina, ayudar al hermanito con las tareas, lavar el automóvil de la familia… pero la respuesta común que recibimos de ellos es: "pero eso es aburrido". ¿Será que los niños ahora vienen programados para aburrirse? No, en realidad lo que les ocurre es lo más natural: ellos desean invertir el tiempo en algo que realmente les importe, en algo que sea de valor… ¿No son iguales a nosotros en esto? ¿Por qué somos así?

La respuesta la encontramos en el capítulo 1 de Génesis.

Fuimos hechos para el trabajo

¿Qué fue lo que Dios encargó a los seres humanos en Génesis 1:28 y 2:15? El primer mandamiento de Dios al hombre y la mujer fue hacer un trabajo grande y de suma importancia:

¡llenar la tierra, gobernarla y cuidarla bajo la supervisión de Dios! Esta comisión fue dada por Dios luego de su bendición. Ambos mandatos fueron dados previamente a que el pecado entrara en el corazón de los seres humanos. Ya en el huerto, Adán y Eva tenían trabajo que hacer y tenían felicidad plena al dedicar su vida a un propósito bueno, valioso y de provecho no sólo para ellos mismos, sino para todos los seres vivientes. De manera que no está bien pensar que el trabajo es un castigo que Dios nos dio por haber pecado. Nada más ajeno a la verdad revelada en la Biblia.

Cuando Dios nos hizo a "su imagen", lo hizo para que pudiéramos "señorear" sobre la creación toda, para que el Creador pudiera compartir su trabajo con nosotros. En Génesis 1:26 vemos esta unidad inseparable: *"...hagamos al hombre a nuestra imagen y señoree..."*. Este primer capítulo de Génesis nos muestra a Dios como un trabajador: Laboró 6 días y el último descansó contemplando la buena obra que había hecho. Tal es así que el reformador Ulrico Zwinglio (1484-1531) afirmó: *"No hay nada en el universo tan igual a Dios como el trabajador"*. [2] De manera que el Padre nos ha dado este privilegio tan grande de ser trabajadores como Él. Todos tenemos trabajo que hacer en el mundo creado por Dios. Es interesante destacar también que los fundadores de la Iglesia del Nazareno escogieron el nombre "nazareno" porque "simbolizaba la misión humilde y laboriosa de Jesucristo". [3]

El trabajo, lejos de ser un castigo por el pecado, es un regalo, un don que Dios nos ha dado. Trabajar es fundamental a nuestra naturaleza humana. La palabra que mejor describe la responsabilidad de trabajo que Dios ha asignado a los seres humanos es "mayordomo". Esta no es una palabra que usamos mucho hoy en día, pero es la que mejor describe la función que se nos ha encomendado. Un mayordomo es alguien a quien el propietario le ha confiado el cuidado de sus posesiones. Para desempeñar esta responsabilidad Dios nos ha dado a cada uno capacidades especiales (talentos y dones) y se nos ha dado una "parte" de las propiedades del Creador para que cuidemos de ellas de la mejor manera que podamos, mientras dure nuestra vida.

Los seres humanos pensamos a veces que lo que tenemos es nuestro y que de ello podemos dar una parte a Dios. También se suele dar valor a las personas por lo que tienen; si esto fuera cierto a los ojos de Dios no tendríamos ningún valor, porque un mayordomo no es dueño de lo que administra. Salmo 24:1 dice: *"De Jehová es la tierra y su plenitud."* Esto quiere decir que TODO es de Él, las rocas, las plantas, las hormigas, el agua, incluyendo nuestra vida, el tiempo, nuestros bienes, nuestras capacidades, nuestras profesiones u oficios, nuestra cuenta de banco, nuestros hijos, el cien por ciento de todo lo que somos, lo que hacemos, lo que tenemos y aún lo que tendremos alguna vez.

Al mismo tiempo, sin embargo, la Biblia nos enseña que el valor de la vida humana no reside en los bienes que posee, sino en cómo servimos a Dios en la mayordomía que nos ha asignado a cada uno. ¿Cuál es el valor de nuestra vida entonces? El salmista lo resume así en Salmo 8:5-6,9: *"Lo has hecho poco menor que los ángeles, y lo coronaste de honra y de gloria. Lo hiciste señorear sobre las obras de tus manos; todo lo pusiste debajo de sus pies... ¡ Jehová, Señor nuestro, cuán grande es tu nombre en toda la tierra!"*

Dios nombró a Adán y Eva administradores con el deber de dar un cuidado amoroso y responsable de todo lo que Dios había hecho. En este sentido, la responsabilidad del ser humano consiste en "guardar " y "cuidar" que lo creado se mantenga con vida, saludable y que se multiplique,

---

[2] Citado en *El servir a Dios*, Ben Patterson, Miami: Vida, 1994. p. 11.

[3] Citado en *La Historia de los Nazarenos*, Timothy L. Smith, Kansas City: CNP, s/f. p.128.

dando gloria al Creador y mostrando Su grandeza y benevolencia. El buen mayordomo hace su tarea de la misma manera y con el mismo amor que Dios lo haría en su lugar.

Fuimos creados para amar

Una persona puede trabajar mucho y no disfrutar realmente lo que hace. Para algunas personas el trabajo se vuelve un deber, una responsabilidad. Esto puede ocurrir porque trabajan en algo que en verdad no es su vocación. Pero aun personas que trabajan en sus vocaciones llegan a cansarse y sentirse esclavos de esa tarea porque les falta algo fundamental: el amor. Cuando no hay amor cualquier trabajo se vuelve tedioso y amargo. Cualquier tarea pierde su valor cuando no se hace por causa del amor.

En primer lugar, fuimos creados para amar a Dios. Dios nos ama y Él nos ha creado con la capacidad de responder a ese amor. Nosotros demostramos nuestro amor a Dios cuando le adoramos, o le rendimos culto y le expresamos nuestro amor con canciones, oraciones y haciendo cosas que demuestran nuestro agradecimiento. Cuando nosotros estamos cerca de Dios, le damos y recibimos de su amor, ese amor se vuelca en todo lo que hacemos y nuestro trabajo se impregna del amor de Dios.

Hemos sido creados para servirnos los unos a los otros en amor. En el pasaje de Mateo 25:37-40 Jesús enseñó que el ser humano no puede decir que sirve a Dios y tratar mal a sus semejantes. Es inconcebible tal hecho, pues si la imagen de Dios está en el prójimo, equivale entonces a estar tratando mal a Dios mismo. Servir a otros con nuestro trabajo es parte de nuestra mayordomía.

Jesús mismo nos dio ejemplo de esto al servirnos muriendo en la cruz en nuestro lugar y así sufrir por nosotros el castigo que nuestro pecado merecía. En Colosenses 1:15 dice: *"Él es la imagen del Dios invisible"*. En el original esta frase significa "una representación exacta", alguien en quien Dios se puede ver tal cuál Él es. De la misma manera, Dios quiere que nosotros podamos servir a las personas demostrando su infinito y santo amor.

⸰ Pida a los alumnos que completen la actividad 5.

Fuimos creados para servir y adorar

En la Biblia se usa la misma palabra para referirse a trabajo (o servicio) que a culto. Esta palabra es "liturgia" y se usa para referirse a lo que hacemos para el Señor en la iglesia y al servicio que le brindamos con nuestro trabajo en las ocupaciones cotidianas.

Ambas son formas de trabajo y de ambas hemos de dar cuenta a Dios. Lo interesante que nos hace notar Ben Patterson es que una de estas ocupaciones termina con la muerte física, pero la otra seguiremos ejerciéndola por toda la eternidad... ¿Adivine cuál?

En el libro de Apocalipsis 4:8 se nos permite dar una mirada a lo que será nuestra vida en la eternidad: rendir adoración y culto a Dios. Cuando adoramos a Dios estamos poniendo un pie en la eternidad y esa eternidad nos llena de amor santo y de esperanza. Esta esperanza y este amor se debe transmitir en todo lo que hacemos, aun en los más mínimos detalles de cualquier trabajo.

Ya sea que adoremos en nuestro cuarto, en la oficina, en el templo o cualquier otro lugar, nos ponemos en contacto con el Dios de la Vida. Sí, el Dios que nos ha dado el ser, quién nos ha hecho a su imagen, el que nos ha dotado de talentos y dones, el que nos ha llenado de dignidad al compartir su trabajo creador con nosotros, el mismo que nos ha dado la necesidad insaciable de disfrutar de su compañía y de su amistad.

Estas capacidades de trabajar con alegría, de amar a Dios y a nuestros semejantes y de adorar a Dios con todo nuestro ser, han sido profundamente afectadas por el pecado. Por eso en nuestros días la tendencia del ser humano es a desobedecer más que a obedecer al Creador. Como veremos en las próximas lecciones, sólo por medio de la obra de Jesús podemos recuperar el sentido verdadero de nuestra existencia.

Definición de términos claves

- **Adán:** Es el primer hombre creado por Dios, pero a la vez, es representante de toda la humanidad creada. Además de ser el nombre propio de la primera persona hombre hecha a semejanza de su Creador, tiene la connotación de "género humano".

- **Santidad:** Bondad suprema, ausencia de maldad. Es lo opuesto a imperfección, a pecado, a corrupción. Es un atributo de Dios cuya pureza moral es perfecta. Los primeros seres humanos fueron creados santos como Dios es santo. Ellos nunca habían pecado, ni habían visto la maldad en otras personas. Esta santidad original de la raza humana se ha perdido y ahora sólo podemos ser santos si somos limpiados por la sangre de Jesucristo y llenos del Espíritu Santo.

- **Comunión:** Esta palabra en sus raíces bíblicas significa: "ser parte de algo" o "pertenecer a algo". Usamos esta palabra para expresar que somos parte de Dios o pertenecemos a Dios, y que Dios es parte de nosotros o que pertenece a nosotros.

- **Ministerio:** Se relaciona básicamente al "servicio" que el creyente para Dios. Ministerio puede ser el servicio mismo que damos a Dios o un campo específico de labor en el Cuerpo de Cristo con el propósito de bendecir a otras personas.

- **Libre albedrío:** Es la capacidad que Dios ha dado al ser humano para tomar decisiones sobre sus pensamientos, palabras y hechos y de tomar el control de su propio destino.

- **Mayordomo:** Alguien al que se le han confiado los bienes y propiedades de otra persona para que los administre de la manera que más beneficie al dueño.

Resumen

Los seres humanos fuimos creados a imagen de Dios. No somos fruto de la casualidad o de la evolución. Dios ha estampado su marca, su sello en cada uno de nosotros. Somos obras de arte firmadas por el Creador del universo, únicos e inigualables, creados a Su imagen y semejanza, es decir: con voluntad, libre albedrío, inteligencia, capacidad de comunicación y santos. Fuímos creados para adorar a Dios y servir a nuestros semejantes, trabajando en los propósitos de Dios con amor y alegría.

Aunque esta imagen de Dios se deterioró a causa del pecado y los seres humanos nos hemos desviado de la voluntad de Dios, hay esperanza en Jesucristo por el cual esa imagen del Dios santo puede ser restaurada en cada persona.

Hoja de Actividades

ACTIVIDAD 1

Responda a las siguientes preguntas basadas en Génesis 1:26-31 y 2:7.

1. Según Génesis 1 y 2, ¿hay alguna otra criatura viviente o cosa creada además de los seres humanos que fuera hecha por Dios a su imagen?

_____

_____

2. ¿Cuál es la diferencia entre ser semejante y ser igual?

_____

_____

3. ¿Tenía algún plan en mente Dios cuando creó al hombre y la mujer con respecto a cuál sería su rol específico dentro de la creación?

_____

_____

4. ¿Qué hizo Dios luego de terminar su obra en la creación, según Génesis 1:28? ¿Qué significado tiene eso para nosotros en cuanto al valor que tenemos para Dios?

_____

_____

ACTIVIDAD 2

Ordene la siguiente lista de capacidades en dos columnas. En la primera coloque las que son propias sólo de los seres humanos y en la segunda, las que compaten todos los seres vivos creados por Dios.

HABLAR, CRECER, ANIMAR, DISEÑAR, MORIR, COMPADECERSE, RESPIRAR, CONVERSAR, ENTRISTECERSE, MOVERSE, APRECIAR LA BELLEZA, COMER, REPRODUCIRSE, AMAR, ENFERMARSE, CORRER, DORMIR, ALEGRARSE, COMPADECERSE.

Sólo las personas		Toda la Creación	
_____	_____	_____	_____
_____	_____	_____	_____
_____	_____	_____	_____
_____	_____	_____	_____
_____	_____	_____	_____
_____	_____	_____	_____

ACTIVIDAD 3
¿Cuál es la cualidad moral de Dios que Él quiere reproducir en nosotros según Levítico 11:44-45 y Éxodo 19:5-6?

_____

_____

ACTIVIDAD 4
Mencione algunas cosas que puede hacer esta semana para fortalecer su "comunión con Dios."

_____

_____

_____

_____

ACTIVIDAD 5.
Según lo que ha aprendido en esta lección sobre el propósito de la vida humana señale con una "X" todas las respuesta que sean correctas.

¿Qué es el trabajo?

___ Es una condena que hombre y mujer deben sufrir por su desobediencia a Dios.

___ Es parte de la bendición que Dios ha dado al ser humano, creado a Su imagen.

___ Es colaborar con Dios en su propia función de Creador y sustentador de la vida.

___ Algo que estamos obligados a hacer para sobrevivir y mantener a la familia.

¿En qué reside el valor de la vida humana?

___ En su origen hecho a imagen del Creador.

___ En sus posesiones materiales y dinero.

___ En sus habilidades o talentos especiales.

___ En la fidelidad de su trabajo para Dios.

Un buen mayordomo es:

___ El que se preocupa por lo suyo propio.

___ El que cuida de los bienes de otro incrementando su valor.

___ El que cuida lo de otro sacando provecho para sí.

¿Cuándo el trabajo se vuelve una maldición o una carga?

__ Cuándo se hace por amor.

__ Cuándo se hace por motivos egoístas.

__ Cuándo beneficia a otras personas.

__ Cuándo se hace como un deber.

ACTIVIDAD 6.
Complete siguiendo las instrucciones.

1. Mencione algunas cualidades, habilidades o talentos que Dios le ha dado para que pueda desempeñar la función de mayordomo.

_____

_____

2. Planee algunas cosas para hacer la próxima semana para demostrar el amor de Dios en sus relaciones. Escriba una o dos metas en cada área.

En mi relación con Dios: _____

Con mis hermanos en la iglesia: _____

Con mi familia: _____

Con mis compañeros de trabajo/estudio: _____

*Oren en parejas los unos por los otros poniendo las metas en las
manos del Señor y pidiendo su ayuda para alcanzarlas.*

LECTURAS RECOMENDADAS

- *Salmos 8*
- *Salmos 100*
- *Lucas 11:42-48*
- *Colosenses 1:15-23*
- *1 Pedro 1:13-16*

Mis notas

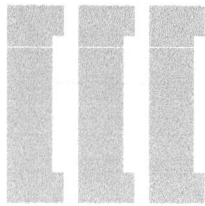

El poder destructivo del pecado
LECCIÓN 2

Objetivos de la lección

Que el alumno...

- Conozca que la naturaleza del pecado es doble: como acción y como condición.
- Comprenda que el pecado tiene un poder expansivo y destructivo que degrada a las personas, corrompe a la sociedad y trae sufrimiento a toda la creación de Dios.
- Se identifique con el repudio de Dios hacia el pecado y su propósito de desterrarlo de la vida de sus hijos e hijas.

Recursos

- Un espejo mediano, como para verse toda la cara.
- Barro o tiza molida con agua que sirva para ensuciar el espejo.

Introducción

]]] Muestre el espejo bien limpio a los alumnos y pregunte ¿Para qué sirve un espejo? (Ellos responderán que sirve para vernos tal cual somos). Es verdad.]]]

Los espejos son creados para devolvernos una imagen real de cómo nos vemos. Muchos quisiéramos que el espejo nos mostrara más jóvenes, más delgados, con más pelo, etc.; pero un verdadero espejo no fue hecho para mentir.

Hemos estudiado en la lección anterior que Dios nos creó a su imagen, o sea, como un espejo que refleja lo que Él es. Esta no es una imagen física, porque Dios es Espíritu y no tiene cuerpo de carne y hueso como nosotros; se refiere a cómo Dios es en su carácter.

]]] Pregunte a la clase: ¿Creen ustedes que los seres humanos hoy día son el reflejo del carácter santo de Dios? Luego tome el espejo y ensúcielo con barro... y luego pida a los alumnos que se vean en él. Pregunte: ¿Qué es lo que impide que el espejo pueda reflejar su imagen? (Responderán... el barro, la suciedad...). Pregunte: ¿Cómo se ve la imagen? (Responderán... deteriorada, borrosa, manchada...) De la misma manera el pecado, es lo que impide que nosotros podamos reflejar la imagen plena de Dios en nuestra vida.]]]

En esta lección vamos a estudiar qué dice la Biblia sobre el origen del pecado y su poder destructivo sobre la vida de las personas.

Estudio Bíblico

1. ¿Qué es el pecado?

La palabra pecado (en griego *amartía*) significa errar el blanco. La idea que trasmite este término es tomar el camino equivocado o la ruta incorrecta.

Para describir el pecado conforme a la enseñanza de la Palabra debemos definirlo en dos dimensiones:

a. El pecado que cometemos: todo pensamiento, acto o palabra que es contra la ley y la voluntad de Dios. En este sentido cometer pecado es un acto de rebelión y desobediencia voluntaria a las leyes conocidas de Dios. Cuando pecamos estamos errando el camino de la perfección para el cual nuestro Padre Dios nos ha creado.

b. El pecado que heredamos: esta es una condición o estado que habita en el corazón de todo ser humano y que lo separa de la santidad de Dios. Esta "semilla de pecado" ha sido transmitida desde nuestros primeros padres, Adán y Eva, a toda la raza humana. Este pecado como estado motiva a la gente a cometer actos de pecado y les hace desear el mal (Romanos 7:8). La Biblia advierte que esta "semilla de maldad" está presente en cada niño que nace y a menos que entregue su vida a Cristo el pecado crecerá y reinará sobre su vida (Romanos 6:12).

·····························o **Pida a los alumnos que completen la actividad 1.**

2. ¿CUÁL ES EL ORIGEN DEL PECADO?

Así como la luz es lo opuesto a la oscuridad, el pecado es lo contrario de la santidad. La Biblia dice en 1 Juan 1:5, 3:5 que ninguna tiniebla o pecado proviene de Dios. Dios es santo en un ciento por ciento, es santo todo el tiempo, su santidad no varía, es eterna e infinitamente perfecta. Es por eso que podemos afirmar con seguridad que el pecado no proviene de Dios, nunca estuvo en su mente o en su corazón crear el pecado, o crear un mundo donde existiera el pecado. Todo lo que Dios ha creado lo hizo en armonía con Él y tiene su origen en su misma naturaleza santa. Es por eso que la Biblia dice que Dios no tienta a nadie (Santiago 1:13).

El pecado tiene su origen en Satanás. La Biblia dice que Satanás tiene poder para influir en las mentes y los corazones de los seres humanos para que se opongan a los planes de Dios. Por eso Jesús reprendió a Pedro cuando dejó que Satanás le "llenara la cabeza" con ideas torcidas.

¿Quién es Satanás? La Biblia no arroja mucha información sobre el origen de Satanás, puesto que ella se ocupa más que nada de guiarnos en el camino de salvación. Lo que nos dice es que Satanás era uno de los ángeles principales creados por Dios (Job 1:6). En los libros de los profetas Ezequiel 28:12-17 e Isaías 14:12-15 dice que los reyes de Tiro y de Babilonia se habían dejado usar por Satanás. En estos pasajes proféticos, la historia de estos reyes se entremezcla con la historia de Satanás: cómo éste siendo un ángel al servicio de Dios, dejó que el orgullo le dominara y se volvió enemigo de Dios (1 Timoteo 3:6; Isaías 14:13,14). Cuando Satanás se reveló contra Dios, perdió su lugar en el cielo junto al trono de Dios y convenció a otros ángeles para que le siguieran. A todos ellos el apóstol Pablo se refiere como las fuerzas espirituales de maldad (Efesios 6:12).

Pero debemos tener cuidado en equiparar a Satanás con Dios puesto que: Dios es todopoderoso, Satanás tiene poder limitado; Dios todo lo sabe, el conocimiento de Satanás es limitado, Dios está en todo lugar, no lo limita el espacio, Satanás está limitado a un solo lugar a la vez. Por eso está obligado a operar a través de los demonios, quienes obtienen información para él y obedecen su voluntad.

La enseñanza que tenemos acerca del Diablo y de su actuar procede mayormente de las enseñanzas de Jesús. Para mantenernos lejos de la influencia de Satanás es importante que conozcamos las estrategias que usa para alejarnos de la voluntad de Dios. Jesús enseñó que Satanás es el padre de todas las mentiras (Juan 8:44). Él es quien ha enseñado a los seres humanos a mentir y a engañar. Él es también el origen del odio y todo aquello que se opone al amor y la pureza. Él emplea todas sus artimañas contra Dios, contra su Iglesia y contra los seres humanos. Su propósito es destruir los planes de Dios y robar la gloria que sólo a Él le pertenece.

El pecado penetró en la raza humana cuando Satanás indujo a Eva y Adán a dejar entrar el orgullo en su corazón y desobedecer la voluntad de Dios (Génesis 3:1-6). No obstante, para nuestra dicha, Dios no nos abandonó, ni nos destruyó.

Las tácticas de Satanás no han cambiado; él engaña a los seres humanos para que pongan su voluntad egoísta por encima de la voluntad de Dios. Los seres humanos creen que ejercen su libertad al vivir en pecado, ignorando que en realidad han caído en la trampa de Satanás y se han vuelto esclavos del pecado.

.........................o **Realice con los estudiantes la actividad 2.**

3. ¿POR QUÉ PECAMOS?

Como hemos visto hasta aquí, el pecado tiene su origen en Satanás porque él es quien nos seduce para que desobedezcamos la voluntad de Dios. A este método que usa Satanás para desviarnos de los planes de Dios se le denomina "tentación".

.........................o **Pida a los estudiantes completar la actividad 3.**

Satanás usa el orgullo, la ambición y el egoísmo del ser humano para tentarlo. La esencia de todo pecado es el egoísmo que anida en el corazón del ser humano. En 1 de Juan 2:16 se advierte que la tentación puede llevarnos por tres caminos:

a. Los "deseos" inagotables por satisfacer nuestros intereses egoístas. Esto es cuando tomamos decisiones, actuamos y pensamos siempre poniéndonos a nosotros en primer lugar, usurpando el lugar que le pertenece a Dios en nuestra vida. A esta mentalidad pecaminosa de "primero yo" se le conoce como "ego carnal" o "concupiscencia" (deseo ilícito). Esta es la voluntad humana que en vez de sujetarse a la voluntad de Dios, vive en rebeldía e independencia de ella. La persona que piensa de esta manera vive para satisfacer los deseos de la carne o sea, sus deseos físicos.

b. El "deseo de los ojos", se refiere al afán de acumular bienes materiales, cosas que al verlas, deseamos poseerlas. Éste deseo despierta en nosotros la codicia, la envidia, la avaricia y otras formas de pecado.

c. La "vanagloria de la vida" se refiere a la manera de vivir ostentosa, vanidosa, y a la exhibición de las posesiones jactándose de lo que uno tiene.

Cuando Adán y Eva pecaron llevaron a toda la raza humana a ser servidores del pecado y de sus propios placeres, los cuales satisfacen a su capricho, sin tomar en cuenta a Dios y su propósito para sus vidas. En consecuencia, el ser humano quedó contaminado con una fuerza que lo arrastra y lo predispone para hacer lo malo.

Un estudio cuidadoso de la tentación de Adán y Eva y la de Jesús nos llevará a concluir que la tentación siempre quiere llevarnos a rechazar la autoridad de Dios y a vivir nuestra vida en autonomía de su voluntad.

4. ¿POR QUÉ ES TAN MALO EL PECADO?

La Biblia nos dice la verdad. Con una simple mirada a nuestro alrededor podemos verificar cómo el pecado está presente destruyendo las vidas de las personas, las familias y la sociedad. El pecado ha sido y siempre será el mal más grande que los seres humanos tengamos que enfrentar.

El pecado es uno de los grandes temas de la Biblia junto a Dios y la salvación provista por Jesucristo. Satanás trata de engañarnos haciéndonos pensar que el pecado es cosa sin importancia, pero la Palabra enseña que el pecado es un mal tan grande que, para quitarlo del corazón humano, fue necesaria la muerte del Hijo Unigénito (o único) de Dios en la cruz.

¿Por qué Dios hizo esto? Lo hizo porque las consecuencias devastadoras del pecado van más allá del individuo, se extienden a la sociedad y también a toda la creación de Dios. Dios envió a su Hijo debido a que el pecado necesitaba una solución y sólo Dios podía proveerla. Sin la intervención divina el pecado nos llevaría al auto exterminio y con nosotros el de toda la tierra.

Veamos lo que la Biblia enseña sobre las consecuencias devastadoras del pecado.

························o **Complete con los alumnos la actividad 4.**

El pecado nos separa de Dios

A causa de su pecado Adán y Eva perdieron la presencia del Espíritu Santo que habitaba en ellos. Esto les separó a ellos y a todos sus descendientes de la comunión con Dios. Esta es y será la tragedia más grande de la historia humana, pues marca el inicio de todo el sufrimiento para los habitantes del planeta.

El pecado nos separa del Creador. Romanos 3:23 dice: *"...por cuanto todos pecaron están destituidos de la gloria de Dios"*. El pecado nos aparta de nuestro Dios por cuanto Él es santo, y todo pecado, grande o pequeño, es como un muro divisorio entre nosotros y Dios.

El dolor más grande que enfrenta un ser humano en esta vida es vivir lejos de su Dios. Puesto que fue creado para ser habitado por el Espíritu Santo y para vivir en armonía a los propósitos de Dios; el ser humano, ahora separado de Dios por su pecado, no puede hallar satisfacción a su profunda sed y hambre espiritual que sólo Dios puede llenar, y esto le impide ser plenamente feliz.

Adán y Eva fueron los primeros en pasar por esta experiencia devastadora cuando perdieron su condición de hijos de Dios. La libertad para servir a Dios fue cambiada en esclavitud del pecado; el gozo fue cambiado por vergüenza; la confianza se transformó en temor. Aunque Dios los amaba, no podía ignorar el pecado que se había establecido en sus vidas.

El pecado produce culpa

Cuando Adán y Eva pecaron, una voz en su conciencia les hizo notar el error que habían cometido al desobedecer a Dios. Es por ello que sintieron vergüenza y miedo de enfrentarse al Creador para asumir las consecuencias de sus actos.

La culpa es ese sentimiento que nos hace dar cuenta de que hemos hecho algo incorrecto a los ojos de Dios, o sea que hemos transgredido voluntariamente un mandamiento de Dios. Esta culpa es la voz interior que Dios ha puesto en el ser humano para recordarle que el pecado tiene consecuencias. La culpa está asociada a sentimientos de vergüenza y de remordimiento por lo que se ha hecho.

La culpa nos muestra que somos responsables por el pecado cometido. Adán y Eva intentaron echar a otro la culpa, pero ninguna otra persona es responsable por nuestro pecado a menos que se asocie y participe en ese pecado. De hecho, en ocasiones la Biblia condena naciones enteras que han pecado contra Dios (Lucas 11:29-32; Mateo 10:5).

Todos los seres humanos sienten culpa por su pecado, sin embargo algunas personas han desarrollado la capacidad de endurecer su "conciencia" y hacen caso omiso a la voz interior que les anuncia que van por mal camino. 2 Corintios 4:4 enseña que el pecado ciega el entendimiento y busca convencernos de que es una cosa sin importancia y sin mayores consecuencias.

Sin embargo, aunque la conciencia de una persona esté adormecida, ante Dios ella sigue siendo responsable por su pecado. La Biblia advierte que llegará el día en que cada persona ha de dar cuenta a Dios por sus acciones y afirma que el castigo de Dios será en proporción a la culpa.

··························o Realice con los alumnos la actividad 5.

La única manera de librarse de la culpa es confesando los pecados cometidos a Dios. Adán y Eva confesaron su pecado y aunque tuvieron que afrontar las consecuencias del mismo, fueron perdonados. La única manera de librarnos de la culpa es ser perdonados por Dios.

En el Antiguo Testamento, Dios estableció el sistema de sacrificios mediante el cual las personas pedían perdón a Dios, eran perdonados y libres de la culpa. La ofrenda por el pecado era quemada, o sea destruida, tomando el lugar del pecador. Estos sacrificios eran el recordatorio del Cordero de Dios que vendría a este mundo, y tomaría sobre sí el castigo que cada persona merece por sus pecados. Jesucristo es ese Cordero, borró nuestra culpa y evitó la justa pena de muerte que merecíamos. Gracias a que Jesucristo puso su vida en nuestro lugar, en la actualidad no tenemos que ofrecer sacrificios para ser perdonados, pero sí necesitamos arrepentirnos y reconocer nuestra culpabilidad delante de Dios.

El pecado produce muerte

Al pecado como condición que nos ha sido transmitida de nuestros primeros padres, se le conoce como "depravación". Depravación significa algo que está corrompido, malogrado, echado a perder. Esta depravación es lo opuesto a la santidad de Dios. Esta separación del Dios dador de la Vida, si no se corrige, conduce a la separación eterna del Creador.

De la misma manera que un moribundo, que desconectaron de las máquinas que lo mantenían con vida, la separación de Adán y Eva de Dios a dado inicio a la muerte espiritual de toda la raza humana. Así como la primer pareja, los seres humanos hoy están vivos, físicamente hablando, pero están muertos porque no pueden nutrirse de la fuente de la Vida.

La ciencia moderna ha comprobado que aún desde antes del momento de nacer nuestro cuerpo comienza un proceso de deterioro que finalmente, años después, termina con la muerte física. Parece una paradoja, pero desde que estamos siendo formados en el vientre materno nuestro cuerpo comienza a envejecer. Luego del nacimiento, cada día, células muertas se desprenden de nuestro cuerpo, algunas se renuevan, otras no, y luego aun las que se renovaban dejan de hacerlo y terminan acabando con nuestra salud. De la misma manera ocurre con la muerte espiritual. Desde el día en que nacemos cada ser humano tiene un destino marcado: la muerte. A menos que nos volvamos a Dios, esta "depravación" nos dominará más y más, manipulando nuestro pensamiento, endureciendo nuestra conciencia, debilitando nuestra razón, llevándonos a vivir esclavos del pecado y de Satanás.

Esta depravación original está presente en todos los seres humanos. Cada niño trae al nacer la inclinación al pecado en su corazón. Es inocente en el sentido de que no ha practicado el pecado, pero no es puro. Esta depravación no es el castigo por el pecado de nuestros primeros padres, sino la consecuencia de éste. En Génesis 2:7 dice que la pena establecida por Dios por el pecado es la muerte. Este es el pago o la retribución que la justicia divina impone al pecador. Debemos recordar que Dios es quien ha diseñado todas las leyes que rigen el mundo, tanto en lo natural como en lo moral.

○ Realice con los alumnos la actividad 6.

De la misma manera que estableció las leyes naturales, Dios –el único ser santo y justo en el universo- estableció la ley moral para que los seres humanos vivan conforme a ella. La desobediencia o transgresión de esta ley conduce al juicio de Dios y a la pena establecida por Él, que es la muerte.

¿Cómo podemos comprender que Dios pueda castigar a alguien con una pena tan extrema? La respuesta está en el amor de Dios que es santo y también es justo. Si Dios dejara de ser justo, también dejaría de ser santo. La santidad y la justicia divina son cosa seria. Dios no puede convivir o asociarse con nada sucio o contaminado por el pecado. La pena de muerte para el pecador abarca tanto la muerte física, como la muerte espiritual y la muerte eterna. El destino eterno de quien no vive cerca de Dios en esta vida, es la separación eterna de Dios.

El pecado destruye las relaciones entre los seres humanos

La destrucción de la sociedad está a la vista de todos: miles de años de civilización le han servido al hombre para aprender a destruir más y más rápido. La vida humana ha perdido valor para el hombre, los niños son abandonados, la gente explotada, el sexo se ha vuelto un objeto de consumo. El crimen, la violencia y la depravación moral han invadido las calles, las instituciones, las escuelas y los medios de comunicación. La ley del más fuerte, o del más rico impera en los tratos humanos y acuerdos internacionales, mientras miles de personas mueren a causa de la guerra, del hambre y de las enfermedades. Lo más triste es que en la mayoría de los casos son muertes que pudieron evitarse con una distribución más "humanitaria" de los recursos.

El pecado esparce muerte en el mundo

La destrucción de nuestro planeta es noticia a diario en los medios de información. El hombre está convirtiendo nuestro mundo en un desierto árido, de agua contaminada y de atmósfera sucia, y agota los recursos naturales asesinando a todos los seres vivos que dependen de ellos para su subsistencia. Esto es porque el pecado tiene un poder expansivo.

○ Complete con los alumnos la actividad 7.

Cuando la primera pareja pecó, Dios sabía que el pecado iba a esparcirse a sus descendientes y que la solución no sería sencilla, ni para Él, ni para los seres humanos. Su justicia se aplicó sobre sus vidas y ellos tuvieron que afrontar las consecuencias. Pero Dios no nos abandonó en esta tragedia: desde allí comenzó a ejecutar el plan de nuestra salvación. Este plan se concretó cuando Jesucristo vino a morir por el pecado de toda la humanidad y cuando el Espíritu Santo pudo descender a morar en el corazón de los hijos e hijas de Dios.

Definición de términos claves

- **Satanás:** En Hebreo significa "adversario". También se le llama "el diablo", que significa calumniador o acusador falso. Él acusa a Dios enseñando ideas falsas sobre Él a la gente (Génesis 3:1-7); también acusa a la gente delante de Dios (Job 1:9, 2:4). Otros nombres que recibe son: Apolión (destructor, Apocalipsis 9:11); Belcebú (Mateo 12:24); Belial (Juan 12:31); el dios de este siglo (2 Corintios 4:4); el príncipe de este mundo (Juan 12:31); el príncipe de la potestad del aire (Efesios 2:2); la serpiente antigua (Apocalipsis 20:2); el dragón (Apocalipsis 20:2); el adversario (Mateo 13:39; 1 Pedro 5:8); el acusador (Apocalipsis 12:10); el padre de la mentira (Juan 8:44); asesino (Juan 8:44); el maligno (1 Juan 5:19; Efesios 6:16) y Lucero de la mañana (Isaías 141:12).

- **Pecado personal:** Todas aquellas decisiones y actos que el hombre comete voluntariamente en contra de la voluntad y los propósitos conocidos de Dios. El pecado lleva en sí el deseo de rebelarse en contra de los designios de Dios, para vivir conforme a sus propios caprichos (Romanos 6: 7-11; 7:15; 8:10).

- **Pecado original o adquirido:** Condición heredada que entró en la raza humana cuando sus primeros padres pecaron contra Dios. Esta condición predispone al ser humano para gobernarse a sí mismo y buscar su autocomplacencia. Es conocida también como depravación, pecado innato, pecaminosidad.

- **Muerte física:** ocurre en el momento en que los órganos de nuestro cuerpo dejan de funcionar y el espíritu abandona el cuerpo. El cuerpo físico, la carne, los huesos, la sangre se desintegran, pero la persona espiritual no muere, sino que sigue existiendo en un estado de adormecimiento hasta el día de la resurrección de los muertos, en que cada persona será juzgada por Jesucristo y recibirá la justa recompensa de Dios conforme haya sido su vida en esta tierra.

- **Muerte espiritual:** es el estado actual de la persona que vive en pecado y por ende separada de Dios, la fuente de la vida. Aunque la persona tenga vida física si el Espíritu de Dios no vive en él o ella, ya está muerto, porque su vida de pecado evidencia que rechaza la vida eterna ofrecida por Dios por medio de Jesucristo.

- **Muerte eterna:** es la destrucción completa del espíritu y del cuerpo. Está destinada a aquellos que han rechazado la salvación ofrecida por medio de Jesucristo y persistieron durante su vida física en su desobediencia a Dios. Esta muerte espiritual ocurrirá después del juicio de Dios, cuando Satanás, los demonios y todos los enemigos de Dios sean castigados por su rebelión. Es lo opuesto a la vida eterna que reciben los hijos de Dios.

Resumen

El hombre fue creado para vivir en relación con su Creador, pero cayó en la trampa de Satanás y por causa de su desobediencia perdió la relación de compañerismo con Dios. El Espíritu Santo no pudo permanecer morando en su vida y el pecado llegó para instalarse en la raza humana con todas sus nefastas consecuencias.

Cada ser humano que nace hereda esta condición depravada que lo predispone a pecar alejándose más y más del Creador y de sus propósitos para su vida. Este pecado arraigado en el corazón humano no sólo destruye al individuo, sino sus relaciones y contamina todo lo que le rodea.

Pero hay esperanza para la humanidad, pues Dios ha diseñado un plan para rescatarnos del pecado y librarnos de su poder destructivo a través de su Hijo Jesucristo. El ser humano puede recibir perdón completo del pecado; sólo con arrepentirse, pedir perdón, recibir a Jesús como su Señor y Salvador personal y permitir que el Espíritu Santo de Dios restaure su vida y le guíe a vivir conforme a los propósitos de Dios.

Hoja de Actividades

ACTIVIDAD 1
Lea los siguientes versículos y escriba su propia definición de pecado. 1 Juan 3:4; Romanos 6:12; Santiago 4:17

_____

_____

_____

ACTIVIDAD 2
Responda a las siguientes preguntas para conocer... ¿Qué nos enseña la Biblia en cuanto al papel de Satanás hoy en día?

1. ¿Qué hace Satanás para alejar a la gente de Dios? 2 Corintios 4:4

_____

2. ¿Qué ofrece Satanás a los que consienten en servirle? Mateo 4:8-10

_____

3. ¿Quién es el que pone límites a la acción de Satanás en la vida del creyente? Lucas 22:31.

_____

4. ¿A quiénes usa Satanás para lograr sus fines? Efesios 2:2

_____

5. ¿Qué hace Satanás con la persona luego de convencerla de cometer pecado? 2 Pedro 2:19.

_____

ACTIVIDAD 3
Lea el pasaje de Génesis 3:1-6 y complete las siguientes las palabras que faltan en las oraciones sobre los métodos que usa Satanás para tentar a los seres humanos, escogiendo las palabras correspondientes de la siguiente lista:

DUDAS, EGOÍSMO, APETITOS, MENTIROSO, INDEPENDIENTE, DEBILIDADES, MIENTE.

1. Satanás usa los _____ naturales e inocentes y las _____ para lograr sus propósitos.

2. Satanás inyecta _____ sobre Dios y su Palabra.

3. Satanás _____ sobre las buenas intenciones de Dios y hace quedar a Dios como un _____.

5. Satanás procura que la persona busque ser _____ de Dios.

ACTIVIDAD 4
Haga una lista de las consecuencias inmediatas al acto de pecado que cometieron Adán y Eva según Génesis 3:14-24.

_____

_____

_____

ACTIVIDAD 5
Responda las siguientes preguntas con base en los pasajes bíblicos.

1. ¿Cómo trataron Adán y Eva de librarse de la culpa? Génesis 3:7-13.

_____

2. ¿Cuál es única forma de ser libre de la culpa? Romanos 5:1 y 8:1.

_____

ACTIVIDAD 6
Mencione algunas leyes naturales diseñadas por Dios que proveen equilibrio a la creación.

_____

_____

ACTIVIDAD 7
A continuación encontrará una anécdota de la autora, que ilustra el poder expansivo del pecado.

"¿Te ha pasado estar cerca de un perro mojado cuando empieza a sacudirse? En mi casa hemos tenido perros como mascotas varios años. En una ocasión tuvimos una perra de raza cocker spaniel americana, su nombre era Tracy. Como ama de casa me tocaba bañarla y como no era muy grande cabía en la pileta del lavadero. Era difícil alcanzar el objetivo porque quería salirse de la pileta y sacudirse el pelo mojado a cada rato, así que en el proceso ella me bañaba también. Cuando terminaba al fin, tenía bien a mano una toalla y la tapaba antes de que comenzara con la sacudida, ¿te imaginas por qué? Si ella me ganaba, salpicaba todo lo que había alrededor: paredes, lavadora, piso, cortina, ventana, ropa limpia y ¡mi cara y mi pelo!

Luego de estas enriquecedoras experiencias con un perro de pelo largo, nos pasamos al bóxer. Mi perro actual se llama Browny (sí como las galletitas ¿adivina porqué?), el es muy grande y lo bañamos en la ducha del baño. Como es una raza dócil vamos ganando la batalla: el es muy obediente y cuando terminamos su baño, cerramos la cortina de la ducha y le decimos ¡Ahora Browny sacúdete! Ya no limpio todo el lavadero, solo la ducha.

Pero es bien diferente cuando lo bañamos en el jardín con la manguera, allí ¡corremos primero y luego le decimos que se sacuda! No siempre logramos salvarnos de la lluvia, de manera que debemos bañarnos nosotros después para quitarnos el "olor a perro" y volver a sentirnos seres humanos.

Así como los perros no pueden evitar sacudirse, de la misma manera ocurre con el pecado, los seres humanos no pueden evitar que su pecado se riegue por doquier, y se impregne en todo lo que toca y todo lo que hace."

Mónica Mastronardi de Fernández
Hoja de Actividades - Lección 2

Mis notas

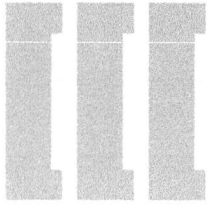

El rol del Espíritu Santo en nuestra salvación
LECCIÓN 3

Objetivos de la lección

Que el alumno...

- Conozca cómo actúa la gracia de Dios por medio del Espíritu Santo para llevarnos al encuentro con Cristo.

- Comprenda lo que hace el Espíritu Santo cuando viene a morar en la vida del nuevo creyente.

- Evalúe si en verdad ha experimentado en su vida la obra regeneradora del Espíritu Santo.

Recursos

- Masilla plástica escolar (conocida como plasticina ó plastilina) suficiente para que cada alumno pueda hacer un muñeco pequeño.

Introducción]]]

[[[**Plantee a la clase el siguiente problema.**]]]

Suponga que tiene que ir a un lugar que no conoce y por un camino que nunca había recorrido donde hay que sortear peligros y desviaciones. Ahora bien, usted tiene dos opciones para llegar a destino: un mapa que le hizo un amigo con flechas y señales o la presencia de otro amigo que conoce el camino y se ha ofrecido a acompañarle y guiarle. ¿Cuál escogería usted? ¿Cuál es la guía más segura: el mapa o una persona que viaje con usted?

[[[**Permita que los alumnos compartan sus opiniones.**]]]

Por supuesto que la persona ¿verdad? En esta lección veremos que esto es lo que hace el Espíritu Santo. Él es la persona divina que Jesucristo nos ha enviado para que nos muestre el camino de la salvación. Si aprendemos a reconocer su voz y a obedecer sus instrucciones llegaremos seguros a la eternidad.

Estudio Bíblico]]]

1. ¿QUIÉN ES EL ESPÍRITU SANTO?

El Espíritu es una persona

¿Quién es una persona? Cuando intentamos definir "persona" obtenemos respuestas que se relacionan con capacidades intelectuales, emocionales y espirituales que nada tienen que ver con la parte física o material del ser humano. Por ejemplo, en Efesios 4:30 afirma que el Espíritu Santo es una persona que se entristece. La palabra "contristar" significa "causar heridas o angustia" y a nadie le puede suceder esto a menos que sea una persona. En Hechos 13:2 vemos también que el Espíritu Santo habló a los creyentes de la iglesia en Antioquía para que enviaran a Pablo y Bernabé como misioneros a evangelizar en otras ciudades.

El Espíritu Santo es una persona divina, que tiene la capacidad de habitar en nuestra vida y comunicarse con nuestro espíritu guiándonos a vivir santamente.

[[[**Lean juntos Romanos 8:14: "Porque todos los que son guiados por el Espíritu de Dios, éstos son hijos de Dios."**]]]

El Espíritu es omnipotente y soberano

·····················o Pida a los alumnos que completen la actividad 1.

El Espíritu Santo es Dios, así como el Padre y el Hijo. Como Dios, tiene todo el poder y autoridad para obrar en nuestras vidas e intervenir en los asuntos humanos. Hoy día él actúa guiando al pueblo de Dios para que el evangelio de Cristo se extienda geográficamente y más personas puedan conocer al Señor como Salvador y le sirvan con sus vidas.

El Espíritu tiene poder y soberanía para obrar cuando hay hijos de Dios que están dispuestos a dejarse usar por Él. A pesar de ser Dios poderoso y soberano, respeta nuestro libre albedrío y sólo puede actuar en nuestra vida cuando encuentra disposición a cooperar con Él.

2. ¿QUÉ HACE EL ESPÍRITU SANTO POR NUESTRA SALVACIÓN?

Sostiene la vida

Cuando Adán y Eva pecaron Dios puso en marcha un plan para salvar a la humanidad y atraerlos de nuevo hacia su amor y a vivir en su voluntad. Este amor de Dios que busca atraernos se conoce como "gracia".

Esta gracia de Dios es la que permite que los seres humanos sigan viviendo -aunque estén espiritualmente muertos en sus pecados- y tengan oportunidad de conocer y aceptar el camino de Salvación que Cristo les provee. La gracia de Dios es la que permite que la vida continúe en este mundo y que sigamos respirando.

La gracia de Dios es la que posibilita que los hombres y mujeres conserven algunas capacidades con las que fueron creados a imagen de Dios, como la sabiduría, la capacidad de sentir misericordia, de ser solidario, de amar, de inventar cosas valiosas, de escribir leyes buenas, el honor, la amistad, el humor, la habilidad artística, el buscar a Dios en momentos de necesidad o querer saber de donde viene su vida y cuál es el propósito de su existencia.

La gracia es administrada por el Espíritu Santo y es la que ha frenado que la humanidad se vuelque por completo a la maldad. El Espíritu Santo obra muchos milagros cotidianos que muchas veces son imperceptibles para nosotros: hace que la lluvia caiga, hace que la vida comience en el vientre materno, nos permite sanar cuanto enfermamos, da descanso a nuestro cuerpo y mente cuando dormimos, nos ayuda a tener ideas creativas, nos permite aprender, crecer, madurar, nos permite enamorarnos, y mucho más.

Atrae a Jesucristo

En la parábola del hijo pródigo (Lucas 15:20), el padre, que representa a Dios Padre, es quien toma la iniciativa de esperar a su hijo. Una y otra vez la Palabra nos habla sobre Dios amándonos y deseando que volvamos a la comunión con Él. Como afirma 1 Juan 4:10,19: *"En esto consiste el amor: no en que nosotros hayamos amado a Dios, sino en que Él nos amó a nosotros, y envió a Su Hijo en propiciación por nuestros pecados… Nosotros le amamos, porque Él nos amó primero"*. A esta gracia de Dios que nos busca y nos atrae hacia Él se le conoce como "gracia preveniente".

Es el Espíritu Santo quien nos prepara para el encuentro con Dios. Él nos ayuda a comprender, a desear, y a responder a esta gracia que nos ofrece una nueva vida en Cristo.

○ Pida a los alumnos que observen el gráfico en la actividad 2.

En la actividad 2, podemos ver cuatro factores por medio de los cuales actúa la gracia preveniente de Dios para ayudar a las personas para que reconozcan que necesitan a Jesús en su vida. Estos son, la acción interna del Espíritu Santo convenciendo de pecado, las oraciones del pueblo de Dios a favor de esa persona, la Palabra de Dios (por medio del testimonio, predicación, lectura, enseñanza u otro medio) y la receptividad de la persona a la gracia de Dios.

Produce dolor por los pecados cometidos y fe en Cristo para salvación

||| Pida a un alumno que lea Juan 16:8-11. |||

En Juan 16:8-11 se describe la función del Espíritu Santo en el pecador, abriendo su entendimiento para que pueda reconocer su condición separada de Dios y sin esperanza. Sin esta acción del Espíritu Santo en el corazón, ninguna persona podría caer en cuenta de los hechos pecaminosos existentes en su vida que le separan del Creador.

Es el Espíritu Santo quien nos hace sentir culpa y dolor por los pecados cometidos, intranquiliza nuestra conciencia, nos mueve en los sentimientos y guía nuestra voluntad hacia Dios. Si ésta es dócil y coopera con la gracia de Dios, puede alcanzar salvación. Sin embargo, la Palabra también advierte que la gracia puede ser resistida por el ser humano.

○ Completen la actividad 3.

Fuera de la acción del Espíritu Santo y la gracia preveniente de Dios no habría ninguna esperanza de salvación para los seres humanos, es por eso que el apóstol Pablo exclamó en Efesios 2:8: *"Porque por gracia sois salvos por medio de la fe y esto no de vosotros pues es don de Dios."* o como traduce la versión en Lenguaje Actual: *"Ustedes han sido salvados porque aceptaron el amor de Dios. Ninguno de ustedes se ganó la salvación, sino que Dios se la regaló."*

El Espíritu viene a vivir en el corazón de los que aceptan a Cristo como Salvador

Desde los tiempos del Antiguo Testamento los profetas habían anunciado que el Espíritu Santo vendría a vivir en los corazones de los seres humanos. (Joel 2:28,29; Isaías 59:21; Ezequiel 37:14; 39:29).

||| Pida a un alumno que lea Efesios 1:13. |||

Pablo dice que cuando creímos en Jesús como Salvador "fuimos sellados con el Espíritu Santo." Esto significa que una vez que los pecados cometidos han sido limpiados de nuestra vida, Dios nos da el Espíritu Santo para que viva en nosotros y ésta es la "señal" o el sello que indica que ahora somos hijos e hijas de Dios.

En la antigüedad el sello (por lo general el anillo) era como la firma de una persona y declaraba pertenencia sobre aquello donde se estampaba la marca. También indicaba autenticidad. Es semejante en nuestros días cuando los expertos autentican la firma en una obra de arte, lo cual le asigna valor de verdadera a la obra, o cuando el notario público (escribano o abogado) autentica una firma con su sello señalando su veracidad como que "esto viene de quien lo firma".

Esto es lo mismo que hace Dios al poner su Espíritu en nosotros. Nos señala como "suyos" y ya no del pecado. A partir de allí el Espíritu comienza a guiarnos en una serie de cambios o transformaciones para llevarnos durante toda nuestra vida a ser más y más semejantes a Jesús.

En Hechos 19:1-7 vemos la experiencia de un grupo de nuevos cristianos a quienes el apóstol Pablo les hace una pregunta: *"¿Recibisteis el Espíritu Santo cuando creísteis? Y ellos le dijeron: Ni siquiera hemos oído si hay Espíritu Santo"*.

Es importante que el cristiano sea conciente de la presencia del Espíritu Santo en su vida, pues éste es el recurso indispensable para que pueda permanecer creciendo en su experiencia de salvación, cerca de Cristo y lejos del pecado. El Espíritu Santo está presente en la vida del creyente para que pueda relacionarse con él, para hablarle y guiarle en cada aspecto de su vida.

El Espíritu Santo imparte una nueva Vida

][[Pida a un alumno que lea 1 Corintios 15:22.]][

En éste pasaje el apóstol Pablo divide la humanidad en dos grandes grupos: los que pertenecen a la generación de Adán y los que se unen a Cristo. Hay una gran diferencia entre estos dos grupos, a unos se les conoce porque caminan hacia la muerte y a los otros se les identifica porque han sido "vivificados"; es decir, se les ha impartido la vida.

Una vez un hombre llamado Nicodemo vino a ver a Jesús. Este hombre se hallaba en la búsqueda espiritual y preguntó a Jesús cómo podía llegar a la vida eterna con Dios. Jesús le enseña que la única manera es nacer de nuevo (Juan 3:3). Luego continúa explicándole que este no es un nacimiento físico sino espiritual y que únicamente puede ser efectuado en el interior del corazón humano por el Espíritu de Dios. Este renacer espiritual es de adentro hacia afuera, es un cambio que ocurre en el interior, pero cuyas evidencias se perciben en el exterior.

][[Pida a un alumno que lea Romanos 8:2 y pregunte a la clase:
¿Qué nombre recibe el Espíritu Santo aquí?]][

En éste pasaje el Espíritu recibe el nombre de "Espíritu de vida" y Pablo dice que este Espíritu nos libra de "la ley del pecado y de la muerte".

][[Pregunte a los alumnos: ¿Qué palabra usa Pablo en 2 Corintios 3: 6 y 5:17 para
enseñar sobre la obra del Espíritu en el corazón humano?]][

En 2 Corintios 3:6 el apóstol emplea la palabra "vivificar", que significa regenerar. Regenerar es corregir algo o a alguien que se había degenerado, restableciéndolo en su función y mejorándolo. En 2 Corintios 5:17 dice *"De modo que si alguno está en Cristo, nueva criatura es; las cosas viejas pasaron; he aquí todas son hechas nuevas."*

][[Reparta los pedazos de masilla plástica escolar a los alumnos y pídales que modelen una
figura humana.]][

Luego muévase entre sus alumnos y desfigure los muñecos que hicieron (déles un pellizco o aplástelos con sus manos). Mientras lo hace explique que lo que está haciendo con sus muñecos es lo mismo que el pecado ha hecho en nosotros, hace que perdamos nuestra belleza, nuestra pureza, es decir, la imagen de Dios se desdibuja.

Luego pídales que hagan con esos muñecos lo que Dios ha hecho en sus vidas, en otras palabras que reparen el daño, que les devuelvan su identidad a su obra de arte.

Observe a los alumnos, algunos van a rehacer el muñeco comenzando de cero y pregunte: ¿por qué hicieron de nuevo a su figura en lugar de repararla? Permita que expresen sus ideas al respecto relacionando lo que han hecho con el significado de "regenerar".

▐▐▐ Pida a un alumno que lea los versículos de Ezequiel 36:26-27. ▐▐▐

Una de las profecías más grandes en cuanto a nuestra salvación es la que se encuentra en Ezequiel 36:26-27. Jesús vino para que tuviéramos vida, esto significa que el creyente recibe vida espiritual en el momento de la salvación. La Biblia dice que cuando nos arrepentimos de nuestros pecados y ponemos nuestra fe en Cristo como nuestro Señor y Salvador somos hechos en ese mismo instante "hijos de Dios" (Juan 1:12). Lo primero que hace el Espíritu de Dios es *cambiar el corazón de piedra por uno de carne*, lo que significa que el Espíritu Santo nos da un nuevo corazón. Éste, al contrario del otro, que era rebelde y desobediente, es sensible a la voz de Dios. A esto es lo que la Biblia llama "conversión", un giro radical, una vuelta en "u" o nuevo comienzo. Esto que hace el Espíritu en nosotros es un milagro, es la "cirugía del corazón espiritual". Cada ser humano necesita nacer de nuevo para cambiar su forma de vivir, para pasar de estar centrado en sí mismo a vivir su vida en obediencia a Dios.

○ **Indique a los alumnos que observen los gráficos en la actividad 4 en los que se puede observar como cambia el corazón de la persona que ha nacido de nuevo.**

Toda esta obra es posible gracias al sacrificio perfecto de Jesús en la cruz del Calvario. Él pagó con su sangre el precio de nuestra salvación al poner su vida en nuestro lugar y recibir el castigo que nuestro pecado merecía. Jesucristo nos rescató de una vida de muerte espiritual al servicio del pecado, nos limpia de todo nuestro pecado y ha enviado a su Espíritu para que habite en nuestro ser.

La Biblia dice que este cristiano es un bebé espiritual (1 Pedro 2:2), que necesita crecer y fortalecerse en la Palabra, en el servicio, y en la obediencia a Dios en todas las áreas de su vida.

En la salvación se inicia el proceso de santificación

La única manera de vivir en santidad es siendo habitación del Espíritu Santo. "Nuestro espíritu fue creado para ser morada del Espíritu Santo quien imparte santidad de carácter."[1] Esta presencia íntima de Dios se perdió cuando Adán y Eva cayeron en pecado. Es por eso que a través de toda la historia humana Dios ha llamado a los hombres y mujeres a ser santos, como Él es Santo. Una vez que el Espíritu de Dios habita en el corazón humano, el cuerpo físico pasa a ser templo o morada del Espíritu Santo (1 Corintios 3:16). A partir de entonces el Espíritu que habita en nosotros procurará mantenernos lejos del pecado y cerca de Jesús.

Es por eso que en el Nuevo Testamento a los cristianos se les llama "santos". Un santo es una persona que ha nacido de nuevo y que ahora pertenece a la familia de Dios.

▐▐▐ Pregunte a los alumnos: ¿Qué es lo que hace luego el Espíritu de Dios en nuestro corazón, según Jeremías 31:33? ▐▐▐

---

[1] Wesley L. Duewel en *"Dios te ofrece su gran Salvación"*. Nappanee, Indiana: Evangel Publishing House, 2000, p. 21.

Una vez que el Espíritu ha creado en nuestro corazón una actitud receptiva, escribe en el interior del ser humano la ley de Dios para que viva conforme a ella.

A la experiencia de "nacer de nuevo" se le conoce también como "santificación inicial". Este es el inicio de una vida sintonizada con la voluntad de Dios. Es una existencia en la cual ya no se está bajo el gobierno del pecado, sino bajo el señorío de Jesucristo. Por lo tanto la vida se va moldeando poco a poco conforme al propósito de Dios. El Espíritu de Jesús nos impulsa para hacer lo bueno y rechazar lo malo. De este poder es el que está hablando Pablo cuando nos dice en Romanos 6:14 *"Porque el pecado no se enseñoreará de vosotros; pues no estáis bajo la ley, sino bajo la gracia"*. El pecado no tiene poder sobre los hijos y las hijas de Dios.

Nos incorpora en el pueblo de Dios

||| Pida a un alumno que lea Gálatas 4:4-7. |||

La adopción es un acto maravilloso de la gracia de Dios por medio del cual Dios nos declara "hijos suyos". Esto puede ocurrir gracias a que hemos sido perdonados, justificados y regenerados por Dios. El perdón y la justificación terminan con el problema de la culpa y el dolor que nos causa el pecado.

La regeneración y la adopción nos proveen una nueva identidad como miembros de la familia de Dios, con derechos y una herencia especial.

o Pida a la clase completar la actividad 5.

||| Pida a otro alumno que lea 1 Pedro 2:9-10. |||

El apóstol Pedro dice de manera clara: *"...vosotros que en otro tiempo no erais pueblo, pero que ahora sois pueblo de Dios..."*. El énfasis de este versículo es que ahora pertenecemos a un pueblo distinto, con características, leyes y propósitos diferentes a los demás pueblos de la tierra. Este pueblo no se limita a una raza o a una bandera nacionalista, sino que se extiende más allá de las fronteras políticas, raciales, culturales o geográficas y abarca a toda la familia universal de Dios.

Este pueblo es llamado por su Señor a consagrarse o santificarse o sea, a entregarse por completo a la misión que Dios les ha encomendado: anunciar las buenas nuevas del Señor y hacer discípulos de Cristo en todo el mundo (Mateo 28: 19-20).

Definición de términos claves

- **Gracia:** Es el amor gratuito de Dios hacia el ser humano (Efesios 2: 4-10).

- **Arrepentimiento:** Experiencia necesaria para recibir la obra de salvación en Cristo. Consiste en sentir profundo dolor por haber pecado contra Dios y el deseo de apartarse de la práctica del pecado para vivir en obediencia a Dios.

- **Santificación inicial:** Da inicio en la experiencia del nuevo nacimiento cuando el Espíritu Santo viene a morar en el creyente recién convertido. Es allí donde comienza el proceso de crecimiento o madurez del cristiano siguiendo el ejemplo de Jesús y viviendo más cerca de Dios.

Resumen

El Señor por el poder de su Espíritu nos atrae hacia la salvación. Para ello el Espíritu nos hace sentir dolor y culpa por el pecado a fin de conducirnos al arrepentimiento, a pedir perdón y a aceptar a Jesucristo como Salvador y Señor de nuestra vida.

Cuando Dios nos perdona y limpia nuestro pecado, pone su Espíritu en nosotros y nos declara justos o santos delante de Él. La experiencia de salvación es un renacer desde adentro hacia fuera, para iniciar un proceso de transformación, dirigido por el Espíritu. Dios nos adopta en su familia y somos unidos a su pueblo. Nuestro cuerpo se convierte en templo y morada del Espíritu Santo, quien nos imparte la vida de Jesucristo y nos guía en un crecimiento contínuo en la vida santa conforme al modelo de Jesucristo.

ACTIVIDAD 1

Lea Hechos 8:39-40 y responda:

1. ¿Qué nombre recibe el Espíritu Santo en este pasaje?

_____

2. ¿Qué relación tiene este nombre con la promesa que hizo Jesús a sus discípulos en San Juan 14: 16-18.

_____

3. ¿A dónde llevó a Felipe el Espíritu y con qué propósito?

_____

ACTIVIDAD 2

Gráfico: Las cuatro fuerzas que operan para llevar a una persona pecadora a Jesucristo.

Gracia Preveniente

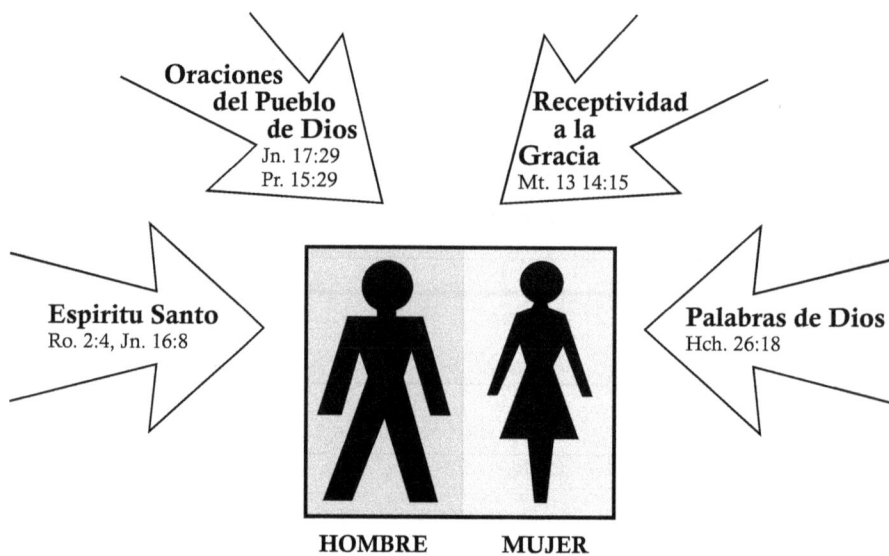

Oraciones del Pueblo de Dios
Jn. 17:29
Pr. 15:29

Receptividad a la Gracia
Mt. 13 14:15

Espiritu Santo
Ro. 2:4, Jn. 16:8

Palabras de Dios
Hch. 26:18

HOMBRE   MUJER

Descripto en Romanos 8: 7-8

ACTIVIDAD 3

Haga un resumen de la enseñanza estos versículos con respecto a cómo los seres humanos pueden resistir la gracia de Dios que opera en su vida para conducirlos a salvación.

Romanos 2:4,5; Isaías 63:10; Efesios 4:30; Hechos 5:9; Hebreos 10:19

_____

_____

_____

ACTIVIDAD 4
Gráfico: Comparación entre la vida en pecado y el cristiano nacido de nuevo.

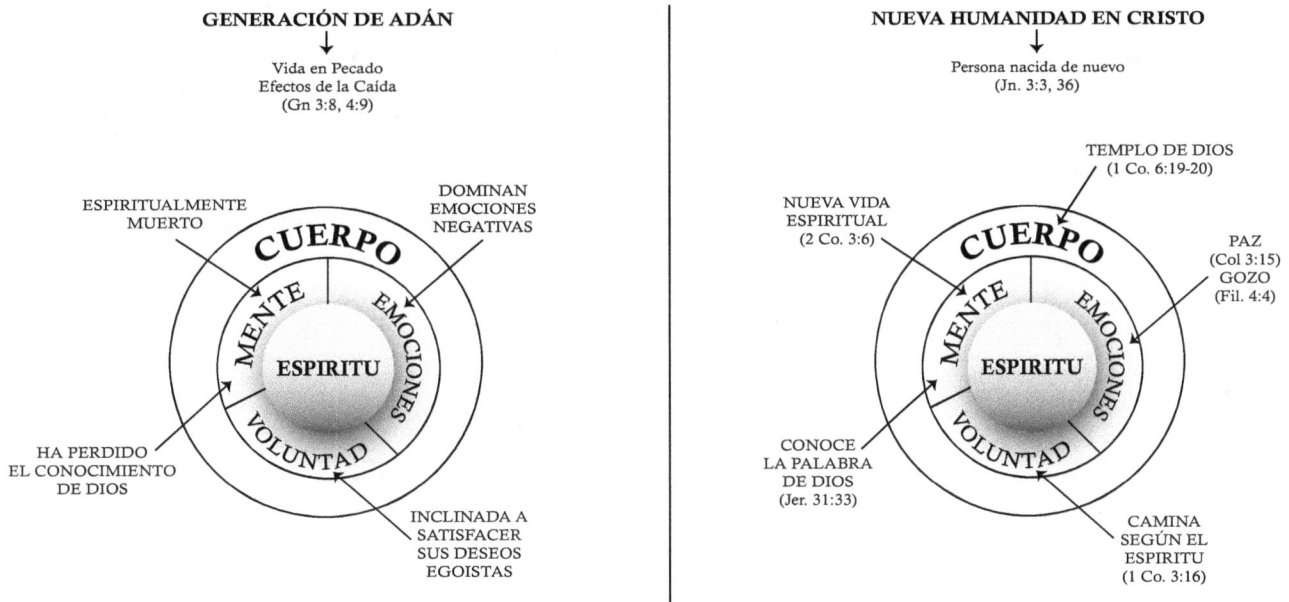

GENERACIÓN DE ADÁN
↓
Vida en Pecado
Efectos de la Caída
(Gn 3:8, 4:9)

ESPIRITUALMENTE
MUERTO

DOMINAN
EMOCIONES
NEGATIVAS

CUERPO
MENTE
EMOCIONES
ESPIRITU
VOLUNTAD

HA PERDIDO
EL CONOCIMIENTO
DE DIOS

INCLINADA A
SATISFACER
SUS DESEOS
EGOISTAS

NUEVA HUMANIDAD EN CRISTO
↓
Persona nacida de nuevo
(Jn. 3:3, 36)

TEMPLO DE DIOS
(1 Co. 6:19-20)

NUEVA VIDA
ESPIRITUAL
(2 Co. 3:6)

PAZ
(Col 3:15)
GOZO
(Fil. 4:4)

CUERPO
MENTE
EMOCIONES
ESPIRITU
VOLUNTAD

CONOCE
LA PALABRA
DE DIOS
(Jer. 31:33)

CAMINA
SEGÚN EL
ESPIRITU
(1 Co. 3:16)

ACTIVIDAD 5
A continuación se incluye una explicación de cada uno de los términos que describen lo que Dios hace para que podamos ser limpios de pecado. Dividan las palabras entre los estudiantes para que, individualmente o en grupos, escriban una definición del término en vocabulario sencillo y piensen en una ilustración para comprender mejor el significado (como para un niño de 5 años). Luego compartan con el resto de la clase.

- **Propiciación:** De propiciar, hacer posible algo que era imposible. Es la acción reconciliadora entre el hombre y Dios, efectuada por Jesucristo en la cruz. La entrega generosa de Jesucristo, poniendo su vida en el lugar que el ser humano merecía, fue la que "propició" la reconciliación de cada pecador con su Creador (Juan 3:16).

- **Convicción de pecado:** Es el resultado de la acción del Espíritu Santo en el corazón de una persona que le hace sentir culpable y le hace desear ser perdonado para que su relación con Dios pueda ser restaurada (Juan 16: 8).

- **Conversión:** Acto de creer en el Señor Jesucristo y arrepentirse sinceramente. Se evidencia en un cambio de actitud en la persona que decide dar una nueva dirección a su vida en obediencia a Dios. En el acto de conversión, Dios perdona los pecados cometidos por un ser humano y todo esto es posible gracias a la muerte intercesora de Jesucristo en la cruz, a su favor. La persona arrepentida recibe una nueva vida espiritual y puede crecer en el conocimiento y servicio a Dios (Romanos 6: 4, 12: 2, 2 Corintios 5: 17, Efesios 4: 22-24).

- **Justificación:** Término usado por el apóstol Pablo para expresar la gracia divina que perdona al pecador arrepentido y lo hace "justo" delante de Dios, declarándolo libre de culpa y digno de la comunión con su creador (Romanos 4: 25 y 5: 18).

- **Regeneración:** Se denomina de esta manera a la obra de restauración que efectúa el Espíritu de Dios en la persona que acepta a Cristo como su salvador personal. Regenerado significa hecho de nuevo, nacido de nuevo (Juan 3:3).

- **Reconciliación:** Describe la restauración de las relaciones rotas entre los seres humanos y Dios a consecuencia del pecado. La iniciativa para la reconciliación nació de Dios y se llevó a cabo cuando envió a su Hijo como intermediario. Los hijos de Dios tienen ahora la responsabilidad de continuar este ministerio de la reconciliación a fin de que muchas personas tengan la oportunidad de disfrutar de una relación armoniosa con el Creador. Es en ese sentido que los cristianos son "embajadores", enviados por Dios como sus emisarios a todo hombre, mujer y niño para traerlos al reencuentro con Él (Romanos 5: 10; Mateo 5: 24: 2 Corintios 5: 18).

- **Adopción:** Acto de amor por el cual Dios adopta al nuevo creyente como su hijo y le hace "coheredero con Cristo" de las bendiciones que Dios ha preparado para sus hijos (Juan 1:12; Romanos 8:16).

_____

_____

_____

_____

_____

_____

ORACIÓN

Los próximos días agradezca a Dios por los beneficios que le ha dado al adoptarle en su familia.

1. Me ha hecho su hijo: Juan 1:1-12

2. Soy hermano de Cristo: Mateo 12:46- 50

3. El Espíritu me da una nueva relación filial: Romanos 8:14-16

4. Me ha dado nuevas relaciones en la familia de Dios: 1 Corintios 12

5. Me ha dado entrada sin restricciones a la presencia de Dios: Hebreos 10: 19-20

6. Tengo una herencia eterna: Romanos 8:17-25

Mis notas

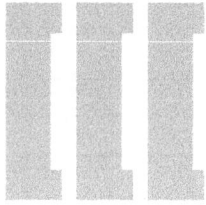

La parte humana de la salvación

Objetivos de la lección

Que el alumno...

- Comprenda la respuesta humana que Dios requiere para darnos salvación.
- Reconozca en qué consiste la fe que agrada a Dios, que no es conocimiento intelectual, ni fe temporal, sino fe que mueve a confiar plenamente en Jesús.
- Evalúe que tan profundo ha sido su compromiso de seguir a Jesús como discípulo hasta hoy.
- Tenga oportunidad de arrepentirse y pedir perdón a Dios si no tiene la seguridad de que Jesús es el Señor de su vida.

Recursos

- Un llavero con varias llaves.
- Una silla vacía.

Introducción]]]

Vivimos en un tiempo en donde las personas esperan que Dios resuelva todos sus problemas. Como consecuencia tendemos a culpar a Dios de todo lo que ocurre en el planeta y en nuestras vidas.

En la lección anterior vimos que toda la iniciativa de salvación proviene del Creador. Sin embargo también sabemos que Dios no impone su salvación a la fuerza a nadie; es por esta razón que podemos hablar de la parte humana en la salvación. En este sentido, para que Dios pueda realizar su obra completa de salvación necesita nuestra cooperación. Sin nuestra aceptación de sus condiciones y nuestra sincera disposición a enderezar toda nuestra vida conforme a su Palabra, la salvación no podría llegar a buen término. Lo que queremos decir es que esta es una obra en que ambas partes deben cooperar la una con la otra.

En esta lección estudiaremos como la actuación y la decisión del ser humano, permite que la obra de salvación en Jesús sea efectiva en la vida de todo ser humano que la busca.

Estudio Bíblico]]]

1. RECONOCER LA NECESIDAD PERSONAL DE SER SALVO

Es de suma importancia el que reconozcamos la necesidad de ser salvos, pues en Romanos 3:23 el apóstol Pablo declara: *"...todos... están destituidos de la gloria de Dios"*. Estar destituidos significa que si no aceptamos la salvación que Dios ofrece por medio de Jesucristo, nuestro destino eterno es de seguro el infierno y la muerte.

[[[Pida a un alumno que lea Isaías 53:6.]]]

La Biblia revela que no fuimos hechos para la muerte sino para vivir en eterna comunión con nuestro Creador. Lamentablemente el pecado levantó un muro de separación entre el hombre y Dios. Solo a través de la obra de Jesús en la cruz, podemos retornar al plan original nuevamente.

El Espíritu Santo trata por muchos medios de "convencernos" de nuestro estado. El trae convicción a nuestra vida para que reconozcamos que tenemos un problema con el pecado y que la única manera de salir de este problema es volviéndonos a Dios. Hay dos formas de responder a esta revelación del Espíritu Santo: con humildad, aceptando nuestra necesidad e impotencia para librarnos de la maldad o con orgullo, rehusando arrepentirnos.

En la Biblia encontramos varios ejemplos de personas que habiendo confesado su pecado endurecieron su corazón y por ello no pudieron ser perdonados.

························o **Guíe a la clase para completar la actividad 1.**

Vivimos en un mundo donde hay poca predicación sobre el pecado. Algunos predicadores prefieren hablar del amor de Dios, de la prosperidad, de las sanidades, de los milagros, es decir de lo que pudiéramos "obtener" de Dios. Debido a esto, muchas personas van por la vida, ignorando que su gran problema se llama PECADO. Sin embargo, la convicción de pecado tampoco es suficiente. De nada sirve despertar a la gente de su adormecimiento espiritual para llevarla al convencimiento de la maldad en que está sumergida, si no hacemos nada luego para ayudarla a salir de este problema.

Dios no nos abandona cuando estamos cargados de culpa. El nos conduce a un cambio radical. El llamado de Dios al arrepentimiento es un anuncio de esperanza.

2. ¿QUÉ ES ARREPENTIRSE?

La palabra arrepentirse procede del término griego *metánoia* que significa "cambio de mente y de vida". Trasmite la idea de cambio de ruta, dar un giro de 180 grados para dirigirse hacia la dirección contraria. El camino de Dios es opuesto al camino del hombre pecador y al del diablo.

El arrepentimiento es un cambio completo en la manera de sentir, de pensar y de vivir.

||| **Pida a un alumno que lea 2 Corintios 7:6-11.** |||

Tristeza por el pecado

Pablo se había enterado de la vida de pecado que llevaban algunas personas en la iglesia y les escribió una carta para ayudarles a comprender la condición en que se encontraban. Por medio de Tito recibe la noticia de que estos hermanos habían reconocido su falta y se habían entristecido. Pero esta era una tristeza "buena" porque les había llevado a arrepentirse de sus pecados.

La tristeza que sintieron los corintios no era un mero dolor o remordimiento, sino que era la señal de un cambio en sus actitudes. La tristeza por el pecado es la manifestación física o emocional de la convicción intelectual. A veces una persona llega a romper en llanto, como Simón Pedro cuando negó a Jesús, la Escritura afirma que "lloró amargamente".

En el versículo 10 Pablo señala la diferencia entre esta tristeza y la tristeza común. La tristeza que produce el mundo no ayuda a nada bueno. Cuando Judas traicionó a Jesús se entristeció pero se quitó la vida. La tristeza del mundo suele ser una tristeza egoísta. El ser humano se lamenta en su condición pecaminosa pero siente lástima de sí mismo. En cambio, la tristeza que Dios produce en nosotros produce humillación, es decir, un corazón quebrantado que se derrama delante del Señor Dios pidiendo su auxilio.

Confesar el pecado

Proverbios 28:13 declara que el "que encubre su pecado no prosperará". La confesión es el reconocimiento de la culpa personal por el pecado cometido. Es hacerse responsable ante Dios por todo el mal que se ha hecho, incluyendo malos pensamientos, malas acciones y malas palabras, y pedir perdón.

||| **Pida a un alumno que lea Salmo 32:5.** |||

En este Salmo David alaba a Dios por haberle perdonado de su pecado y expresa dos verdades muy importantes:

1. Reconoce que la culpa por sus pecados es solo suya. El arrepentimiento es un asunto personal. David asume la responsabilidad absoluta por su pecado ante Dios. Aunque nuestro pecado daña a otras personas, todo pecado es una ofensa a Dios: *"contra ti, contra ti solo he pecado; he hecho lo malo delante de tus ojos…"* afirma en Salmo 51:4.

2. Declara su incapacidad e impotencia para librarse por sí mismo de la carga de su pecado. El pecado cometido es una deuda contraída con Dios. Ningún ser humano puede "saldar" esta deuda, borrar esta ofensa a la santidad de Dios. Sólo confiando en Cristo como el único y suficiente Salvador podemos ser perdonados (1 Pedro 2:24).

En ocasiones será necesario también confesar el pecado a la persona o grupo de gente que se ha ofendido y hacer restitución (hasta donde sea posible). Es el Espíritu Santo quién se encarga de traer a nuestra memoria las ofensas (pecados) contra otros que necesitamos confesar.

Decidir abandonar el pecado

El arrepentimiento cuando es verdadero lleva a renunciar al pecado.

||| Pida un voluntario que lea Isaías 55:7. |||

La convicción de pecado nos lleva a experimentar sentimientos que son muy humanos. Dios permite que experimentemos tristeza para llevarnos al arrepentimiento, a la confesión de pecado, a renunciar al pecado y a hacer actos de restitución. Es esta tristeza la que mueve en nosotros la voluntad de cambiar.

Una vez que hemos sido perdonados, Dios pone en nosotros un sentimiento de repudio hacia todo tipo de pecado. Pero aún así, necesitaremos hacer ejercicio de nuestra voluntad para decir no, cada vez que la oportunidad para pecar se presente.

El pasaje citado en Proverbios 28:13 anteriormente dice que el que confiesa el pecado y "lo abandona", alcanzará misericordia. Esto no significa que podamos de alguna manera ganar la salvación, pero nuestra respuesta positiva a Dios es indispensable para que esta obra de limpieza pueda completarse en nosotros. Es por eso que 1 Juan 1:9 dice: *"Si confesamos nuestros pecados, él es fiel y justo para perdonar nuestros pecados, y limpiarnos de toda maldad."*

3. PONER TODA LA FE EN CRISTO

||| Lea Efesios 2:8: "Porque por gracia sois salvos por medio de la fe; y esto no de vosotros, pues es don de Dios…" |||

Nuevamente vemos como este versículo señala a las dos personas que participan en la salvación. La parte de Dios: la gracia, la parte humana: la fe. La salvación que Dios nos ofrece está condicionada por nuestra fe. Al mismo tiempo, Pablo se encarga de dejar en claro que la fuente de la salvación es Dios y no los seres humanos, puesto que aún esta capacidad de creer es un don, o sea un regalo de Dios. El Espíritu Santo es el que obra en nuestra vida para que nos volvamos a Dios por medio del don de la fe. La fe es la que nos habilita a confiar completamente en Jesucristo para nuestra salvación.

¿Cómo es esta fe que Dios espera de nosotros para que él pueda salvarnos? Hay varios tipos de fe.

[[[Muestre el llavero con las llaves y diga algo como esto mientras va señalando: Aquí yo tengo las llaves que uso frecuentemente. Esta es la llave del auto, esta la llave de mi oficina, esta la del templo, esta la de mi casa. Todas son bastante parecidas entre sí, son de metal, lucen bastante similares, pero una sola -la correcta- es la que abre la puerta de mi casa. Yo puedo intentar abrir la puerta de mi casa con cualquier llave, pero solo si uso la correcta se abrirá. Lo mismo ocurre con la fe, hay varios tipos de fe, pero una sola es la fe que abre la puerta a la salvación.]]]

Veamos los tipos que existen de fe. La fe de algunas personas es una fe de tipo histórico. Creen en Jesús como creen en un personaje importante de la historia del país. Esta fe es de tipo intelectual o cognoscitiva. Creen que esta persona existió o existe pero no le conocen realmente.

La fe de otras personas se parece a la heladera de camping. La tienen guardada en el garage o en la bodega de la casa, allí esta acumulando polvo y no se acuerdan de ella hasta que la usan una o quizás dos veces al año. Si la han prestado a alguien y no la devolvió, recién entonces -cuando la necesitan- recuerdan que deben reclamarla. Algunas personas tienen este tipo de fe "temporal", una fe que hace su aparición cuando pasan por una necesidad. Se acuerdan de Dios y claman a Él para pedir trabajo, para pedir salud, para pedir protección en un viaje. Es una fe que usan sólo en algunos momentos de la vida.

Pero la fe salvadora es muy diferente a la fe intelectual y a la fe temporal.

[[[Acerque ahora la silla vacía a usted y párese al lado de ella. Mientras hable mire a la silla y haga ademanes adecuados con sus brazos y cara que refuercen el significado de las palabras.]]]

Vamos a usar esta silla para comprender la fe salvadora. Mire esta silla, parece fuerte y yo creo que si me siento no me voy a caer ¿Qué piensan? ¿Resistirá mi peso? Yo puedo quedarme mirando la silla argumentando, diciendo cosas sobre su construcción o apariencia, pero nunca sentarme en ella. Al contrario, la fe salvadora es esa fe en la que yo tomo la decisión de poner toda mi confianza en la silla y me siento en ella, o sea deposito mis (…) kilogramos (o libras) confiando en que ella me va a sostener y no me dejará caer al suelo.

Así es la fe salvadora, ¡sólo si depositamos toda nuestra confianza en Jesucristo podemos ser salvos! Su fe puede ser débil, puede ser dubitativa, pero lo importante no es la calidad de su fe sino en "quién" está poniendo su fe.

[[[Pida a un alumno leer Juan 3:16-17.]]]

El evangelio de Juan dice que el Hijo no vino al mundo a condenarlo, sino "para que el mundo sea salvo por Él". No hay otro camino de salvación, poner nuestra fe en la persona correcta es fundamental para que podamos ser salvos. No está mal admirar a personas buenas vivas o muertas, pero estas personas no pueden hacer nada para limpiar nuestro pecado. Sólo la sangre de Jesucristo derramada en la cruz tiene el poder para perdonarnos de toda maldad (1 Juan 1:7-9).

··o **Pida a los alumnos completar la actividad 2.**

4. RECIBIR A JESUCRISTO COMO SALVADOR Y SEÑOR

En Juan 13:13 Jesús dijo: *"Vosotros me llamáis Maestro, y Señor; y decís bien, porque lo soy."* Jesús se atribuye dos títulos o funciones en este versículo, como "Maestro" y como "Señor". ¿Qué entendía la gente de ese tiempo cuando oía a Jesús atribuirse estos títulos?

En primer lugar, veamos "maestro" que viene del griego *epistates* y significa uno que enseña y cuida a sus estudiantes o discípulos. En aquellos días había muchos maestros que enseñaban la Palabra de Dios, pero el estilo de Jesús era diferente al de ellos porque la enseñanza de Jesús iba más allá de dar lecciones: Él enseñaba con su ejemplo lo que ellos debían vivir.

Veamos ahora la palabra "señor", que proviene de *kurios* en griego, significa: uno que domina y dirige todo lo que es suyo e implica sumisión y obediencia de las personas que le pertenecen.

Señor es una palabra que en aquellos tiempos se usaba sólo para Dios en el caso de los judíos y sólo para el emperador "el Cesar" en el caso de los romanos. La creencia de aquellos tiempos era que el emperador era un dios y que al morir pasaba a formar parte de la gran cantidad de dioses romanos. Había inclusive pena de muerte para quienes llamaran Señor a otra persona que no fuera el emperador y algunos cristianos fueron condenados a muerte por esta causa.

Jesús dice que está bien que le llamemos Señor, esto es porque cuando Él nos salva venimos a ser suyos, somos una posesión preciosa para Él. El tipo de dominio que Cristo ejerce sobre nosotros no es igual a de un tirano o un rey que usa a la gente para su autocomplacencia. El tipo de señorío de que nos habla la Biblia es de servicio.

Como vimos, pedir perdón por nuestros pecados implica tomar la decisión de cambiar de vida. Este cambio es de una existencia bajo nuestro propio señorío a una vida obedeciendo a Cristo como Señor.

⬤·······o **Pida a la clase completar la actividad 3 para descubrir porqué el nuevo creyente necesita sujetarse al señorío de Cristo.**

5. CREER QUE SE HA NACIDO DE NUEVO

||| Pida a un voluntario leer San Juan 6:47. |||

Todos los que han sido perdonados de sus pecados han renacido a una nueva vida. Antes estaban vivos, pero muertos espiritualmente porque no tenían vida eterna; pero a partir de que el Espíritu Santo ha venido a vivir en su ser, tienen VIDA espiritual. Esta vida se extiende más allá de la muerte física, es una vida eterna, que no tendrá un final sino que nos permitirá estar con Jesucristo y servirle para siempre. Sin embargo, de nada sirve esta verdad si no la creemos y no vivimos de acuerdo a ella.

También, el apóstol Pablo dice en 2 Corintios 5:17 que si estamos en Cristo *"somos nueva criatura"*. Esta nueva criatura viene a reemplazar a la persona que antes yo era. Esa criatura vieja que vivía en pecado tiene que dejar de existir, con el fin de dar espacio para que esta nueva persona crezca en nosotros. El bautismo cristiano justamente representa esta verdad espiritual. Simboliza que la persona ha muerto al pecado (cuando se sumerge en el agua) y que ha renacido a una nueva vida como discípulo de Cristo.

Si creemos con todo nuestro corazón que hemos sido hechos nuevas criaturas, esta convicción interior nos ayudará a mirarnos a nosotros mismos y a las circunstancias que nos rodean de manera diferente. ¡Ya no tenemos que seguir pecando, ahora somos hijos e hijas de Dios, creados para vivir en santidad y servir a los propósitos de Dios en este mundo!

Creer que hemos sido hechos nuevos es indispensable, porque es el punto de partida para un desarrollo saludable en esta nueva vida, permitiendo que la vida de Jesús crezca en nuestro interior y se expanda hasta llenar todo nuestro ser.

⬦·························o Guíe a los alumnos a completar la actividad 4.

6. COMPROMISO A PERSEVERAR EN EL DISCIPULADO

Todo cristiano es llamado a ser un discípulo de Jesús. Esto implica aceptar a Jesús como el Maestro que nos enseñará a vivir de manera de agradar a Dios en todo lo que pensamos, decimos y hacemos. El cristiano nunca deja de ser un discípulo, porque aprender a ser santos como Jesús es algo que nos llevará toda la vida.

Cada cristiano debe tomar esta decisión de ser un aprendiz. Para ello se requiere humillación y reconocer que todo lo que hemos aprendido en nuestra vida no tiene ningún valor si lo comparamos con las riquezas de sabiduría que Cristo quiere darnos.

Al mismo tiempo, el discipulado no es sólo conocimiento de tipo intelectual, no es sólo aprender para guardar las verdades espirituales en nuestra mente, sino para atesorarlas en nuestro corazón y permitir que estas verdades transformen poco a poco todo lo que somos y lo que hacemos. El apóstol Pablo aconseja a su hijo espiritual Timoteo en 1 Timoteo 4:16 a que cuide su manera de vivir así como cuida la doctrina que aprende y enseña. En la próxima lección hablaremos más sobre cómo vive una persona que ha nacido de nuevo.

⬦·························o Completen la actividad 5.

Termine con unos momentos de oración por las necesidades personales que surjan de esta última actividad.

Definición de términos claves

- **Fe:** Esta palabra es usada en tres maneras: creer en algo que no puede probar o ver; la acción de depositar toda confianza en Cristo para la salvación; o tambien puede señalar el conjunto de creencias fundamentales del cristianismo.

- **Don:** Habilidad o capacidad recibida de Dios por medio del Espíritu Santo para realizar algún servicio cristiano. Por ejemplo; enseñanza, proveer para las necesidades de otros, sanar enfermos, entre otros.

- **Arrepentimiento:** Es una experiencia necesaria para ser salvos por Cristo. Consiste en sentir profundo dolor por haber pecado contra Dios y desear apartarse de la práctica del pecado para vivir una vida santa.

- **Discipulado:** Es el proceso de aprendizaje que abarca toda la vida por medio del cual crecemos siendo más y más semejantes a Jesús. El discipulado empieza en la conversión y sigue hasta el final de la vida.

Resumen

La salvación en Cristo no es algo que sucede accidentalmente: es un plan diseñado por el Dios eterno. A la vez, este plan no es impuesto al ser humano, es por eso que la salvación implica un reconocimiento personal de la necesidad de ser salvos.

La salvación no puede llegar sin arrepentimiento genuino por parte de la persona pecadora lo cual le lleva a humillarse y pedir perdón a Dios por sus pecados. La salvación requiere un acto de fe de parte del pecador arrepentido y una entrega absoluta a Jesucristo aceptándole como único Salvador y Señor de la vida.

Esta experiencia se mantendrá fresca en nosotros en la medida que nos comprometamos a ser discípulos del Maestro toda la vida.

Hoja de Actividades

ACTIVIDAD 1

Investigue en la Biblia algunos ejemplos de personas que reconocieron su pecado pero endurecieron su corazón.

Texto	¿De quién se trata?	¿Cuál fue el pecado que confesó?	¿Cómo terminó su vida?
Éxodo 9:27,34			
Números 22:34; 23:10 y 31:8			
Josué 7:20			
1 Samuel 15:24			
Mateo 27:4			

ACTIVIDAD 2

Complete en la siguiente lista las características de la fe salvadora. Busque los versículos bíblicos para completar las palabras que faltan en las oraciones.

a. Someter la _____ a Dios (Salmo 37:5).

b. Creer en _____ (Juan 3:15).

c. Hacerse _____ en el corazón (Romanos 6:17).

d. _____ con el corazón (Romanos 10:9-10).

e. Creer que la Biblia es _____ (2 Timoteo 3:16-17).

f. Poner toda tu _____ en Dios (Hebreos 2:13).

g. Invitar a _____ a tu vida (Apocalipsis 3:20).

ACTIVIDAD 3.

En grupos de 2 a 3 integrantes sigan las indicaciones y respondan las preguntas.

a. Compartan testimonios de algunas dificultades que han experimentado en sus vidas y cómo el Señor les ha ayudado.

b. Comparen sus testimonios con las dificultades que se mencionan en los siguientes versículos: Juan 16:33, 1 Corintios 10:13, Efesios 6:10-12.

c. Según Mateo 6:24 y Romanos 6:16 ¿cuál es la razón por la cuál Cristo debe tener el señorío en nuestra vida?

d. ¿Qué decisión importante nos ruega hacer Pablo en Romanos 12:1?

e. ¿Cuáles serán las implicaciones prácticas para sus vidas que traerá esta decisión?

ACTIVIDAD 4.
Lea el pasaje de Romanos 8:15-17 y responda.

a) ¿Los cristianos somos diferentes a las demás personas?

_____

_____

b) ¿En qué sentido?

_____

_____

c) ¿Qué es lo que tenemos que nos hace diferentes?

_____

_____

ACTIVIDAD 5.
¿Ha tenido realmente esta experiencia de ser salvo? Autoevalúese respondiendo a las siguientes preguntas, con si o no.

a. ¿Has sentido dolor por tus pecados?   _____

b. ¿Ese dolor te condujo a arrepentirte con sinceridad delante de Dios?   _____

c. ¿Has pedido perdón a Dios por tus pecados?   _____

d. ¿Has vuelto a cometer los mismos pecados por los que te arrepentiste?   _____

3. ¿Has confiado en Jesús y sólo en Él como Salvador para ti?   _____

f. ¿Puedes decir que en este momento Jesús es el Señor de toda tu vida?   _____

g. ¿Tienes un profundo compromiso como seguidor de Jesús?   _____

h. ¿Crees que otros piensan que eres un/a fiel discípulo/a de Jesús?   _____

i. ¿Tienes la seguridad de que ahora eres un/a hijo/a de Dios?   _____

j. ¿Si no es así, te gustaría tener esa seguridad hoy en tu vida?   _____

Indique al maestro/a las áreas de su vida en que ha contestado no. Si en verdad y de todo su corazón quiere arrepentirse de sus pecados y ser salvo no lo deje para la otra semana. Pida al Señor conforme a su necesidad y confíe plenamente en que Él hará su parte y le hará una nueva criatura.

LECTURAS RECOMENDADAS

- Salmos 51
- Isaías 61
- Salmos 147
- Salmos 34
- Isaías 57

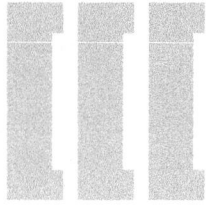

La Salvación: una experiencia que transforma
LECCIÓN 5

Objetivos de la lección

Que el alumno...

- Conozca los cambios internos que se reflejan en el estilo de vida del nuevo discípulo.
- Comparta su testimonio sobre las evidencias del nuevo nacimiento en su vida.
- Verifique si está reordenando su vida conforme le guía el Espíritu Santo.

Recursos

- Pizarra.
- Tiza o marcadores para pizarra.

Introducción

En las lecciones anteriores estudiamos la parte de Dios y la parte humana en la experiencia de la salvación. El milagro del nuevo nacimiento marca el inicio de una serie de cambios internos y transformaciones externas que el Espíritu Santo dirige en nuestra vida.

En esta lección hablaremos sobre estas evidencias externas e internas de la salvación que evidencian que el Espíritu Santo ha venido a habitar en el corazón y ha iniciado la transformación de la forma de pensar y de vivir. Los cambios internos sólo pueden ser apreciados por la misma persona, pero el proceso de transformación externa en su manera de vivir puede ser apreciado por todos los que le rodean. Estas evidencias de cambio en la manera de pensar, de hablar y de comportarse son la prueba contundente de que el arrepentimiento ha sido sincero y de que en verdad la persona ha nacido de nuevo.

Juan el Bautista fue quien precedió a Jesús anunciando a la gente de su tiempo que debía arrepentirse de sus pecados. A los que confesaban con su boca su arrepentimiento Juan los bautizaba en agua. No obstante, Juan dudaba de la sinceridad de algunas personas, porque llevaban una doble vida. Por un lado eran religiosos que cumplían con todo lo que la ley judía señalaba, pero por el otro, su vida estaba llena de pecado. Por eso, Juan los despedía diciéndoles: *"Haced frutos dignos de arrepentimiento…"* (Mateo 3:8).

Hablaremos de estos frutos en esta lección y para ello responderemos a la pregunta: ¿Cuáles son los cambios internos y externos en la vida de una persona que evidencian que ha nacido de nuevo?

Estudio Bíblico

1. Un corazón pleno de felicidad

La historia del rey David siempre nos conmueve.La Biblia nos muestra a David tal cual era, con sus debilidades pero también con una tremenda sensibilidad para dejarse guiar por el Señor. Él era un poeta y escribió muchas canciones que se encuentran en el libro de los Salmos. Una de ellas es el Salmo 32 donde David describe el gozo de haber sido perdonado, luego de la cadena de pecados cometidos en relación a su adulterio con Betsabé.

||| Pida a un alumno que lea el Salmo 32. |||

El rey David trata de expresar en palabras el gran cambio que ha ocurrido en su interior cuando fue perdonado. Todos los sentimientos negativos que causaba el pecado en su vida habían desaparecido y habían sido reemplazados por "bienaventuranza".

Esta palabra "bienaventuranza" significa felicidad. Este no es cualquier tipo de felicidad temporal, como cuando recibimos una buena noticia, sino un gozo profundo que viene al corazón del nuevo cristiano para quedarse. Esta felicidad es posible porque ahora la única fuente de la felicidad verdadera, que es Dios, habita en su vida por medio del Espíritu Santo.

Esta no es una felicidad que nosotros podamos fabricar o fingir. Es una emoción natural que fluye en el interior del nuevo discípulo desde que tiene la certeza de haber sido perdonado y haber sido reconciliado con Dios.

La expresión externa de esa felicidad va a depender de nuestra personalidad. Para David era escribir canciones de alabanza a Dios. Con David pueden identificarse aquellos cristianos que cantan en voz alta mientras escuchan canciones cristianas. Otros quizás no lo expresan de manera audible pero de todas maneras alaban a Dios en su corazón.

·········o Pida a los alumnos que completen la actividad 1.

2. Un corazón lleno de gratitud

En el idioma hebreo las palabras alabanza y gratitud vienen de la misma raíz *(yadah)*. La Biblia está llena de expresiones de gratitud a Dios y de palabras que nos animan a ser agradecidos. Pero esta actitud de agradecimiento viene de un corazón que se ha humillado ante Dios y ha reconocido que todo lo que tiene, todo lo que es y todo lo que vendrá a su vida en el futuro viene de Dios.

Jesús nos enseñó a orar por cosas tan sencillas como el pan de cada día, o sea el alimento que nos sustenta. Este es un cambio gigante en la manera de pensar. Un corazón centrado en sí mismo se atribuye los logros alcanzados, pero el corazón centrado en Dios reconoce que cada cosa grande o pequeña que ocurre en su vida ha sido provista por su Señor.

La gratitud entonces debería ser siempre algo normal en la vida de aquel que ha sido salvo por la gracia de Jesús, aunque no siempre fluye naturalmente, porque nuestra naturaleza humana tiende a querer apropiarse del crédito por los logros obtenidos atribuyéndolos al esfuerzo personal. Es por eso que con frecuencia la Palabra nos recuerda que debemos ser agradecidos y alabar a Dios en todo y por todo.

[[[Pida a un alumno que lea 1 Tesalonicenses 5:18.]]]

·······o Pida a los alumnos que compartan sus experiencias como se indica en la actividad 2.

3. Un alma que clama por compañerismo con Dios

Disfrutar del compañerismo con el Creador es un privilegio enorme que gozan todos los hijos e hijas de Dios. Al comienzo, el nuevo creyente puede tener algunos conceptos equivocados sobre como hablar con Dios. Pero poco a poco comprende que puede dirigirse a su Señor con toda confianza, así como un niño pequeño habla con su padre. Con el tiempo la oración llega a ser para el cristiano algo tan natural como el respirar.

No debemos esperar que el hábito de orar llegue sin esfuerzo de nuestra parte. Todo cristiano debe disciplinar su vida y apartar un tiempo de calidad cada día para hablar con su Señor. Ese tiempo dependerá de la hora del día en que podamos encontrar un espacio de quietud y que sea el mejor momento para concentrarnos en Dios y en su Palabra.

El Espíritu Santo que habita en nuestro ser nos hace desear esas "conversaciones" con Dios, nos hace anhelar conocer más y más de Dios, y qué mejor que hablar con Él para conocerle más. Es difícil expresar este anhelo con palabras, por ello el salmista lo compara con la sed. En Salmo 42:1-2 dice: *"Como el ciervo brama por las corrientes de aguas, así clama por ti, oh Dios, el alma mía. Mi alma tiene sed de Dios, del Dios vivo; ¿Cuándo vendré, y me presentaré delante de Dios?"*

Esta sed insaciable de tener compañerismo con Dios es uno de los frutos de esta vida nueva como hijo o hija de Dios.

El Señor Jesucristo es nuestro mejor modelo de una vida de oración. Él oraba cuando estaba contento y cuando estaba triste, cuando estaba relajado y cuando estaba estresado. El cansancio nunca le impidió orar y en ocasiones pasó toda la noche orando (Lucas 6:12).

Desarrollar una disciplina de oración, siendo sensibles a esa sed de nuestra alma por compañerismo con Dios, es indispensable para nuestra permanencia en el camino del Señor.

4. DESEO DE ESTAR CON LA FAMILIA DE DIOS

||| Pida a un alumno que lea Efesios 2:19 y a otro 1 Pedro 2:9-10. |||

Los cristianos somos miembros de la familia de Dios. Esto es lo que afirma el apóstol Pedro en 1 Pedro 2:9-10. La palabra "linaje" significa unión a una familia por lazos de sangre. Todos los que han aceptado a Cristo como su Señor y Salvador pertenecen al linaje de la familia de Dios. Esta relación no se refiere a un parentesco político, sino a una línea directa de filiación. La Iglesia ha sido escogida por Dios para ser su especial familia.

Todo nuevo creyente necesita del amor y del calor de esta familia para poder sobrevivir -espiritualmente hablando- en este mundo contaminado por el pecado. A este compañerismo entre los cristianos se le llama también "comunión".

Al comienzo de la vida cristiana es normal sentir temor a entrar en un grupo de gente que no conocemos. Pero al poco tiempo, cuando vamos haciendo amigos comenzamos a desear estar en compañerismo con los "hermanos en Cristo". En la Familia de Dios, Cristo es el hermano mayor y todos somos hermanos los unos de los otros (Romanos 8:29). Con el paso de los días y los meses llegamos a amar a la familia de la fe como si fuera nuestra familia de sangre. Esto no es casualidad, Dios nos está preparando para vivir por toda la eternidad con nuestra familia espiritual.

En la iglesia local los nuevos creyentes o bebés espirituales deben recibir amor, calor, instrucción, protección y disciplina. Una de las formas como el ser humano aprende es por imitación, por eso, pasar tiempo con nuestros hermanos y hermanas de la iglesia nos enseña a vivir como hijos e hijas de Dios. La iglesia debe ser una familia donde sus miembros se preocupan y se ayudan los unos a los otros (Gálatas 6:10).

Sin embargo, no debemos esperar que la iglesia sea "perfecta". Si bien es cierto que la iglesia debe vivir en santidad, al mismo tiempo la iglesia está compuesta por seres humanos que son diferentes en muchas formas y que son el fruto de las influencias que reciben de su medio familiar, religioso, social, político, cultural y económico. Muchas veces esto ocasiona roces y cambios de opinión en la familia de Dios; no obstante, en una familia lo que debe prevalecer es el amor y el respeto. En la familia de Dios debemos poner todo nuestro esfuerzo para comprendernos, amarnos y apoyarnos, que es la forma en que las familias permanecen unidas y son más fuertes.

● **Completen la actividad 3.**

5. UNA VISIÓN REENFOCADA

¿Qué es lo que hace que un hombre o una mujer cambien rotundamente su forma de ser? En la Biblia, en la historia de la iglesia y a nuestro alrededor encontramos miles de ejemplos de cómo Jesucristo transforma las vidas.

▌▌▌ Pida a dos voluntarios que lean los pasajes de Lucas 5:10-11 y Mateo 9:9. ▌▌▌

Por ejemplo, en Lucas 5:10-11 vemos como la vida de varios pescadores cambió, producto de un milagro de pesca. De hecho el pasaje dice: *"...dejándolo todo, le siguieron"*, y ellos comenzaron a ser discípulos de Jesús. También tenemos el ejemplo de Mateo cuando estaba sentado en el banco de tributos. De repente aparece por allí Jesús, lo mira y le dice: *"Sígueme"* (Mateo 9:9) y la Palabra dice: *"Y se levantó y le siguió"*. ¡La vida de estos hombres cambió en un instante!

Cuando el Espíritu de Dios viene a morar en nuestra vida nos cambia la visión. Antes veíamos al mundo, a las personas y a nosotros mismos con nuestros propios ojos, pero ahora comenzamos a ver con los ojos de Jesús. A medida que conocemos más a Jesús y nos relacionamos con Él y su Palabra, nuestra visión se reenfoca para que podamos ver como Jesús ve.

● **Veamos un ejemplo en la Actividad 4.**

La nueva vida en Cristo trae consigo un reenfoque en la forma en que vemos a la gente, en como ordenamos nuestras prioridades, en el uso que hacemos del tiempo y en como usamos el dinero, entre otros.

Este reenfoque de la vida no es un cambio cosmético que afecta sólo el exterior de nuestra vida, ni tampoco es esforzarse en obedecer ciertas reglas, sino una transformación de adentro hacia afuera, que se inicia por un cambio de motivaciones y sentimientos y se irradia en la vida exterior.

6. RECHAZO A TODO TIPO DE PECADO

La manera de enfrentar los problemas de la vida y conflictos personales para el hijo o hija de Dios se basa en los principios de la Palabra de Dios y en el amor. Un cristiano no puede seguir resolviendo problemas de la manera antigua, o sea igual que cuando vivía en pecado.

Las personas sin Cristo resuelven sus problemas usando la coerción, la violencia, la manipulación, la mentira, el autoritarismo, los gritos, el enojo, las palabras groseras y muchas otras formas de pecado. El cristiano, por el contrario, sigue el ejemplo y la enseñanza de Jesús.

▌▌▌ Pida a un alumno que lea Efesios 4:22-32. ▌▌▌

Cuando el cristiano se encuentra frente a una situación y actúa como lo hacía antes (mintiendo, manipulando o de otra forma) algo diferente pasa en su vida. Una voz en su interior le reprende, le hace sentir tristeza por lo que ha hecho o cómo lo ha hecho.

La presencia del Espíritu Santo en nuestra vida nos hace diferentes. Ya no podemos pecar con libertad como antes lo hacíamos. La Palabra de Dios dice que el Espíritu que habita en nosotros se entristece cuando pecamos.

◦ **Pida a la clase completar la actividad 5.**

En la Biblia encontramos ejemplos claros de como un corazón transformado por el poder de Dios, busca resolver las circunstancias difíciles de acuerdo a la Palabra de Dios. En Hechos 6:1-7 se relata un problema que surgió en la iglesia de Jerusalén que pudo haber desatado un grave conflicto; pero al que los apóstoles dieron solución abriendo espacio para que otros participen en el ministerio. Así, los apóstoles seguían cumpliendo con su llamamiento y las viudas continuarían siendo atendidas en sus necesidades. En esta ocasión el principio que usaron para resolver el problema fue buscar el bien para todos los involucrados.

En Gálatas 6:1 encontramos otro problema. Este era un caso de un hermano que había pecado y la iglesia tenía que tomar una decisión sobre el asunto. El apóstol Pablo aconseja que cuando alguien sea sorprendido en un pecado, los que son espirituales lo restauren ayudándole a llevar esta carga o esta vergüenza. Esta -por cierto- no es la solución más sencilla y fácil. Humanamente cuando alguien nos traiciona queremos hacerle pagar por lo que nos hizo. Pero la actitud de Cristo hacia el pecador es una de amor perdonador que busca restaurar, y este es el camino que Pablo les indica tomar. El principio aquí es amar y perdonar a quienes nos defraudan aunque sea el camino más difícil.

En Gálatas 2:11 encontramos un problema de conflicto entre dos hermanos en la fe, ambos líderes en la iglesia. Pablo se había dado cuenta de que Pedro se estaba conduciendo mal con respecto a los creyentes no judíos. Sabiamente, en vez de comenzar a murmurar del apóstol Pedro prefirió enfrentarlo cara a cara. ¡Qué gran ejemplo para la iglesia! En ningún pasaje bíblico nos dice que Pedro y Pablo después de este incidente quedaron enojados de por vida; al contrario, corrigió Pedro su actitud y ambos líderes continuaron propagando el evangelio. El principio aquí es que para resolver los conflictos interpersonales el mejor camino es confrontar al otro y decirle la verdad con amor buscando siempre el bien y el crecimiento de mi hermano o hermana.

Definición de términos claves

- **Alabanza:** Expresiones verbales que salen espontáneamente del corazón de la persona en reconocimiento de quién es Dios.
- **Comunión:** Esta relación entre los creyentes es también conocida bajo el término griego "koinonia." La expresión era usada mucho en el Nuevo Testamento para describir a la iglesia de aquel entonces. La koinonía existe cuando únicamente lo que une a los creyentes en Cristo es el amor. Esta koinonía es posible cuando los hermanos en la fe poseen al Espíritu Santo en sus corazones y practican sacramentos juntos como por ejemplo, la Cena del Señor.

Resumen

La experiencia de salvación es una obra que ocurre en el interior del corazón pero que puede verse por los cambios exteriores en la vida del cristiano. La salvación -cuando es verdadera- puede ser vista por otras personas a través de los "frutos de arrepentimiento" que se muestran en todos los aspectos de la vida del nuevo discípulo.

Hoja de Actividades

ACTIVIDAD 1

¿Cómo expresa en su vida el gozo de ser un cristiano? ¿Con cuál de estos ejemplos bíblicos se identifica? Busque en su Biblia algunas diferentes expresiones de la felicidad interior y señale aquellos que son semejantes a su experiencia. Luego comparta con el resto de la clase.

Salmos 32:11 _____

Salmos 92: 2 _____

Efesios 5:19 _____

Otro _____

ACTIVIDAD 2

Responda a las siguientes preguntas y luego comparta sus respuestas con el resto de la clase.

1.¿A qué peligros se expone un cristiano que deja de ser agradecido?

_____

_____

2. ¿Cómo podemos demostrar en forma práctica nuestro agradecimiento a Dios?

_____

_____

3. ¿Qué cambios podemos hacer en nuestra vida para aprender a ser más agradecidos?

_____

_____

ACTIVIDAD 3

En grupos de 3 a 4 estudiantes. Lean el pasaje de Hechos 2:42-47 y hagan una lista de las cosas que hacían juntos los miembros de la primera iglesia en Jerusalén. Luego en la columna de la derecha hagan una lista de aquellas cosas que hacen juntos en su iglesia local.

¿Cómo cultivaban la comunión en la iglesia de Jerusalén?	¿Cómo expresamos nosotros nuestra comunión?
_____	_____
_____	_____
_____	_____
_____	_____

_____   _____
_____   _____
_____   _____
_____   _____
_____   _____
_____   _____

Al finalizar aprecien las coincidencias y dialoguen con sus compañeros de clase sobre lo siguiente: ¿En nuestra iglesia local estamos dando evidencias de que somos una familia en Cristo? ¿Hay algo más que deberíamos hacer para estrechar los lazos de hermandad entre nosotros?

ACTIVIDAD 4.
¿Ha pasado por alguna de estas experiencias? Señale con un "si" las que ha experimentado en su vida.

__ Caminar por una calle con tanta gente que no puedes casi avanzar.

__ Tener una visión panorámica de alguna ciudad desde un lugar alto.

__ Mirar por la ventana cuando aterriza el avión para ver la ciudad.

__ Estar en la salida del subterráneo a la hora pico.

__ Viajar en un tren o autobús repleto de gente.

__ Quedar atrapado con tu automóvil entre el tráfico por horas.

__ Hacer fila en la caja del supermercado o del banco por mucho más de lo normal.

Si su respuesta es sí, recuerde sus sentimientos y reacciones en dicha ocasión. Luego pregúntese: ¿pensé, dije o sentí algo como esto …? Y marque "si" en la lista abajo si hay coincidencias.

__ ¡Qué fastidio! ¿De donde salió toda esta gente?

__ ¡Qué barbaridad en esta ciudad ya no hay lugar ni para una persona más!

__ ¡Qué mala suerte, debí haber salido más temprano!

__ ¿Cuando va a hacer algo el gobierno para arreglar este caos?

__ Otro: _____

Ahora reflexione por unos momentos: ¿Cuán diferente hubiera sido su apreciación si hubiera mirado esa ciudad o esa multitud con los ojos de Jesús?

_____

Finalmente compare su respuesta con lo que dice Jesús en Mateo 9:36 y comparta con el resto de la clase su respuesta.

_____

_____

ACTIVIDAD 5.
Reflexione sobre la siguiente historia respondiendo las preguntas que se incluyen al final.

Una joven cristiana que buscaba trabajo fue recomendada por un hermano de la iglesia para trabajar en la juguetería de un amigo. Era un negocio grande que vendía juguetes al mayoreo para jugueterías pequeñas. El primer día se presentó en la mañana y la llevaron a la oficina de contabilidad donde le explicaron sus responsabilidades como asistente administrativa. Entre otras cosas le enseñaron a escribir cheques, a registrar en los libros contables y comenzó a trabajar con mucho entusiasmo. El salario que ofrecían no era exuberante pero tampoco era malo.

Sin embargo, algo extraño ocurrió casi llegado el mediodía. La tesorera le explicó que había dos libros para registrar los cheques y que se le indicaría en que libro debía registrar cada uno. Luego continuó la explicación: "Este libro es el que mostramos si vienen los inspectores de impuestos del gobierno y este otro lo guardamos aquí debajo de esta madera escondido, a este le llamamos el libro negro."

La joven entendió toda la explicación claramente y volvió a su silla. Pero algo comenzó a ocurrir en su mente y en su corazón. Una voz en su interior le decía que esto estaba mal, que si ella se quedaba en este empleo cada día de su vida en adelante estaría obligada a mentir. La joven se disculpó con la tesorera y le dijo: "disculpe señora, yo necesito este trabajo y usted ha sido muy amable conmigo, pero yo no puedo quedarme. Si hago todo esto que usted me dice para ocultar datos al gobierno estaría defraudando a mi Dios, y para mí, una vida lejos de Dios no vale la pena. Por favor entienda las razones por las cuáles no puedo aceptar este empleo." La joven salió del negocio y nunca regresó.

1. ¿Crees que la joven tomó la decisión correcta?

_____

_____

2. ¿Qué impacto crees que su forma de actuar causó en la tesorera?

_____

_____

3. ¿Conoces a alguien que se encuentra actualmente en una situación similar?

_____

_____

4. ¿Qué sería tu consejo para esta persona?

_____

_____

LECTURAS RECOMENDADAS

- *Salmos 92*
- *Salmos 148*
- *2 Corintios 6*
- *Efesios 4:17-32*
- *Efesios 5:1-20*

Mis notas

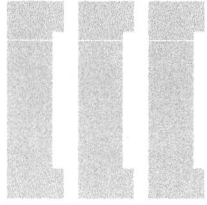

III Actitudes pecaminosas que necesitan ser limpiadas
LECCIÓN 6

⚑ Objetivos de la lección

Que el alumno...

- Conozca las actitudes pecaminosas que permanecían en los discípulos y que Jesús reprendió.

- Compare sus propias actitudes con estas que había en el corazón de los discípulos.

- Comparta su testimonio sobre estas actitudes pecaminosas que están presentes en su vida y que necesitan ser limpiadas.

- Comprenda que, como Jesucristo, debemos ser pacientes con otros hermanos mientras van descubriendo las áreas de su vida que necesitan ser purificadas y entregadas al Señor.

📎 Recursos

- Trozos de cartulina en tonos diferentes con las siguientes palabras: duda, egoísmo, impaciencia, enojo, intolerancia, orgullo, inclemencia, venganza, peleas, ambición de poder.

- Cinta para pegar los trozos de cartulina en la pizarra.

- Si no puede preparar los carteles puede optar por ir escribiendo en la pizarra las palabras usando colores variados.

Al contemplar en los libros del Nuevo Testamento la obra gigantesca realizada por los apóstoles, el lector puede concluir fácilmente en que estos eran hombres extraordinarios. Sin embargo estos no parecen ser los mismos hombres que estuvieron con Jesús y que se retratan en los Evangelios.

Jesús escogió a doce personas imperfectas que necesitaban ser restauradas. Cuando Jesús llamó a los doce, estos se caracterizaban por ser personas sin desarrollo espiritual ni intelectual; impulsivos (Juan 21:7; 13:9; 18:10; Lucas 9:54; 1 Juan 4:8); pecadores (Marcos 9:33,34; 10:37; Lucas 22:24); incapaces de solucionar muchos problemas que los dejaban perplejos (Mateo 18:21-35, 9:3; Lucas 10:29, 20:22); ignorantes; prejuiciados (Marcos 10:22); inestables en su fe (Juan 6:67).[1] Ninguno de los discípulos de Jesús... "pertenecía a las clases superiores. Eran pescadores, cobradores de impuestos, obreros. Mateo y Simón el Zelote, eran incluso, por su origen, mortales enemigos políticos".[2]

Jesús hizo de este grupo de hombres con tantas imperfecciones... "juzgando por los resultados la mejor generación de maestros que el mundo ha conocido: doce hombres que después revolucionaron el mundo".[3] Un autor afirma con razón: "El milagro más grande de la historia parece ser la transformación que Jesús efectuó en aquellos hombres".[4]

Jesús escogió gente imperfecta que necesitaba ser restaurada y reconocía esa necesidad. Otras personas del tiempo de Jesús necesitaban ser restauradas pero no lo reconocían, como los fariseos, a los cuáles él condenó por su vanidad y orgullo, pues se negaban a admitir su necesidad de ser restaurados del pecado.

El propósito de esta lección es estudiar algunas de las actitudes pecaminosas que salían a la luz en la vida de los discípulos y que Jesús reprendió en ellos, a fin de que podamos examinar nuestra vida para identificar aquellas actitudes arraigadas en lo profundo de nuestro corazón, que no concuerdan con la vida santa que Dios quiere que vivamos.

---

[1] Price, J.M. *Jesús el maestro.* El Paso, Texas: CPB, s/f. pp. 29-46.

[2] Gabner-Hainer, A. *Vocabulario Práctico de la Biblia.* Barcelona:Herder, 1975, p. 407.

[3] Maquis citado en Price, Op. cit. p. 46.

[4] T. R. Glover citado en Price, Op. cit. p. 45.

▌▌▌ Estudio Bíblico

En el caminar con Jesús los discípulos demostraron que había cosas que les era difícil aceptar. Ellos querían ser como Jesús pero encontraban en sí mismos pensamientos e ideas contradictorias con sus enseñanzas y esto, reveló la raíz de egoísmo que había en sus corazones. Debemos agradecer a Dios por los escritores de los Evangelios porque no ocultaron las luchas espirituales que ellos tuvieron al tratar de vivir una vida de pureza y comportarse como Jesús esperaba de ellos. Veamos si hay en nuestra vida actitudes como las de ellos que impiden que el carácter santo de Jesús se refleje en nuestra vida.

1. DUDABAN, SU FE ERA DÉBIL

▌▌▌ **Escriba en la pizarra la definición de fe que se incluye en la definición de términos.** ▌▌▌

○ **Pida a un alumno que lea Mateo 8:23-27. Luego pida a los alumnos que completen la actividad 1 en grupos de tres. Luego pídales que sigan completando individualmente la actividad 2.**

Llega un momento en la vida de todo cristiano en que su fe tiene que ser puesta a prueba. Es algo que ocurre a la mayoría de los jóvenes cristianos cuando cursan sus estudios universitarios donde escuchan muchas "voces" que cuestionan y niegan la veracidad de la existencia de Dios, de Jesús y la validez de la Biblia como autoridad para la vida.

Hoy en día estas voces llegan a los cristianos de todas las edades por los medios de comunicación. Casi todos los días estamos expuestos a información que contradice y niega las afirmaciones de la Biblia sobre el origen de los seres humanos, sobre la existencia del pecado, sobre la realidad de un Dios que nos ama, que busca relacionarse con nosotros y de que tiene un propósito para nuestra vida. Una fe débil no sobrevivirá a esta tormenta de mentiras. Cada creyente debe decidir si va a creerle a Dios, a quien no puede ver, o creer lo que ve y oye en los medios de comunicación.

Un cristiano que duda es vulnerable a la tentación y en cualquier momento puede volver al pecado. Todo cristiano necesita de una fe robusta para permanecer firme en la vida espiritual. Es el Espíritu Santo quién siembra este tipo de fe en nuestra vida, pero depende de nuestra decisión que pueda crecer y hacerse fuerte.

▌▌▌ **Dibuje un corazón suficientemente grande en la pizarra para que entren todos los trozos de cartulina y pegue la palabra: Duda. En esta lección se remarcan en negrita las palabras que debe ir agregando en este corazón mientras se desarrolla la lección.** ▌▌▌

2. PONÍAN LA MIRA EN COSAS DE HOMBRES

Una de las reprimendas más duras que Jesús dio a sus discípulos fue dirigida a Pedro.

▌▌▌ **Lea Marcos 8:31-37.** ▌▌▌

Este momento relatado por Marcos transcurre en una de las lecciones privadas de Jesús a su grupo de discípulos. En esta ocasión el Maestro les habla sobre los sucesos que rodearían su muerte y resurrección. Pedro aparta a Jesús del grupo y trata de disuadirlo de estos pensamientos pesimistas. La reacción de Jesús no se deja esperar: se dirige a todo el grupo nuevamente y delante de ellos reprende a Pedro con estas palabras: *"¡Quítate de delante de mi, Satanás! Porque no pones la mira en las cosas de Dios, sino en las de los hombres".*

¿Por qué Jesús habla a Pedro de esta manera llamándole Satanás? La respuesta es simple. Pedro pensaba que estaba cumpliendo con su deber como emisario del grupo tratando de convencer a Jesús de que no tomara el camino de la muerte. Como ser humano su mente le decía que lo razonable es huir del sufrimiento, pero sus pensamientos estaban tan lejos de la voluntad de Dios que sus palabras tenían la misma intención que las palabras de Satanás cuando tentó a Jesús en el desierto procurando desviarle de la misión para la cuál había venido a este mundo.

No es que Pedro estaba concientemente dejándose usar por Satanás. Al hablar de ésta manera Pedro demostró que sus pensamientos estaban impregnados de la forma de pensar **egoísta** de este mundo. Esta es la forma de pensar normal para la gente que vive sin Dios, pero casi siempre es opuesta a la verdad de Dios y a su voluntad para nuestra vida.

En el versículo siguiente Jesús hace una de las declaraciones más importantes y que más se ha debatido en la historia de la iglesia. Jesús afirmó que nadie puede ser su discípulo si no está dispuesto a tomar la cruz y seguirle. Tomar la cruz es para nosotros hoy, estar dispuestos a obedecer a Dios en cualquier cosa que nos pida para traer salvación a este mundo perdido -cueste lo que cueste- tomando la decisión de entregar todo por su causa, aún hasta nuestra propia vida.

Los discípulos aún no habían hecho una entrega total y absoluta de sus vidas al Señor.

⬙ ·····················o **Pida a los alumnos que completen la actividad 3.**

3. SE IMPACIENTABAN Y MOLESTABAN CON LAS PERSONAS

⦀ Asigne a un alumno para que lea Mateo 19:13-15. ⦀

Parece ser que el ser humano siempre demanda paciencia hacia él, pero tiene problemas para ser paciente con otros. Sobre todo es difícil para los adultos tener paciencia con los niños. Esta es la realidad que propaga el personaje el Chavo, de la famosa serie televisiva de Roberto Gómez Bolaños, cuando exclama: "es que no me tienen paciencia".

Los discípulos se molestaron con los padres que llevaban a sus niños pequeños para que Jesús los bendijese. Los judíos tenían la costumbre de bendecir poniendo las manos sobre la cabeza. Esta era una forma de dedicación o consagración de la persona a Dios y a partir de la bendición se consideraba que estas personas eran propiedad de Dios.

Jesús reprende la actitud de los discípulos, quienes al impedir a los niños llegar hasta él, estaban discriminando a estas criaturas, cerrándoles el camino a la gracia divina y a la Salvación.

La **impaciencia** nos lleva al **enojo** y el enojo nos lleva a pecar. La impaciencia surge por la **intolerancia** o falta de aceptación de otras personas. El cristiano debe ser una persona que ame a los otros tal cuál son y no solamente cuando le agrada como son y como se comportan. Este amor sólo puede recibirse de Dios cuando el orgullo es limpiado de nuestro corazón.

4. Manifestaban dureza para juzgar a otros

||| Pida a un alumno que lea Lucas 9:51-54. |||

En esta ocasión la gente de esta aldea de Samaria había sido grosera con Jesús al negarle la ayuda que solicitaba. Judíos y samaritanos se odiaban entre sí y Jesús tenía que pasar por tierra de Samaria para llegar a Jerusalén. Probablemente los discípulos temían que ladrones los asaltaran y le hicieran daño al Maestro.

Jacobo y Juan (a quienes apodaban los hijos del trueno) se sintieron ofendidos por estos samaritanos y haciendo gala de su orgullo nacionalista le pidieron a Jesús autorización para enviar fuego del cielo y consumir a la ciudad y su gente. Nuevamente la reacción impaciente surge, pero esta vez aunada a la **inclemencia** o falta de misericordia y los deseos de **venganza**.

Dios jamás pondrá a nuestra disposición su autoridad y poder para que nosotros castiguemos a otros por haber ofendido nuestro **orgullo**. Jacobo y Juan querían usar el poder de Dios para satisfacer sus deseos de venganza. Esta actitud de los apóstoles nos recuerda al profeta Jonás, quien se sentó a esperar que Dios destruyera la ciudad. ¡Ni por un momento se le ocurrió pensar en que Dios no es un Dios vengativo sino uno que mira a todas las naciones con misericordia!

Jesús les reprende duramente porque los pensamientos y los deseos de ellos estaban diametralmente opuestos al sentir del corazón de Dios. Jacobo y Juan tenían un corazón lleno de amargura contra los samaritanos. Estaban más preocupados por la ofensa que recibieron de ellos y que lastimó su orgullo, que en demostrarles el amor de Dios. Su reacción ante la agresión de los enemigos no correspondía al "Espíritu de Jesús". Ellos continuaban reaccionando ante las circunstancias de una manera que no era digna de un hijo o hija de Dios.

Dejar que en nuestro corazón echen raíces sentimientos de odio y amargura y deseos de venganza, es contrario al amor y la misericordia de Cristo que debe llenar nuestro ser.

◦ **Guíe a los estudiantes para que completen la actividad 4.**

5. Peleaban por defender sus derechos a ser los primeros

||| Pida a un voluntario que lea Lucas 22:24-30. |||

Este suceso que relata Lucas ocurre durante la última cena, horas antes de que Jesús fuera arrestado. No era la primera vez que los discípulos tenían una discusión semejante (Mateo 18:1-5, Marcos 10:35-45). En los corazones de ellos había disposición a las **peleas** y en este caso querían resolver quién se merecía el derecho a ser el líder de todos ellos. Aunque no nos dice entre quienes era este pleito, podemos suponer que era entre Pedro, Santiago y Juan, tres discípulos que **ambicionaban** un lugar de liderazgo.

Es interesante que Jesús no impide que se acaloren en la discusión. Probablemente porque estaba absorto en sus propios pensamientos reflexionando sobre los eventos que se avecinaban. Pero lo más probable es que Jesús esperaba que alguno de ellos recordara sus enseñanzas acerca del amor al prójimo. Pero esto no ocurrió, ellos estaban demasiado absortos por el deseo de ganar la discusión. Al no poder llegar a un acuerdo seguramente se volvieron a Jesús a ver a quién le daba la razón.

La respuesta de Jesús, lejos de ser la que ellos esperaban, les lleva a reflexionar sobre los motivos que les hacían desear un liderazgo espiritual. Jesús les pone en claro que el liderazgo en la iglesia no es igual al que estamos acostumbrados a ver en este mundo.

En primer lugar, dice que no deben servir a la gente para enseñorearse de ellos. En este caso Jesús cita el ejemplo de los reyes de ese tiempo que acostumbraban a repartir las tierras conquistadas entre sus soldados y estos a su vez en gratitud les decían a los ojos de todo el mundo "bienhechores". Muchos ambicionan lugares de liderazgo porque representan una oportunidad para lograr que otros les obedezcan y para recibir palabras de elogio, que alimenten sus deseos internos de sentirse importantes, de querer sobresalir sobre los demás, y así engordar su orgullo.

Jesús deja claro que este tipo de liderazgo autocomplaciente no merece ninguna recompensa de parte de Dios. Por el contrario, los líderes cristianos no han de buscar posición, fama, poder, honores o recompensa material de la gente a la que sirven, sino agradar primeramente a Dios, adoptando la actitud de un siervo.

Los líderes espirituales que Jesús puede usar para guiar a su pueblo son aquellos que renuncian al orgullo y se humillan poniéndose a la par del necesitado para servirle. La autoridad que Dios delega a sus líderes es para que sirvan a la gente, no para que se enseñoreen de ellos, elevándose por encima de los demás.

6. Tenían dificultad para servir con humildad al prójimo

▌▌▌ Pida a un alumno que lea Juan 13:1-5. ▌▌▌

Este suceso ocurre poco antes de la muerte de Jesús. En el versículo 1 dice que Jesús sabía que la hora de su muerte había llegado. Todo el tiempo que Jesucristo vivió como hombre y sirvió en este mundo lo hizo mientras caminaba hacia su destino, la cruz. El Hijo de Dios había venido al mundo para llegar a ese momento, esa era la meta suprema de su venida, entregarse en sacrificio por nuestros pecados.

Pero en esta ocasión encontramos a Jesús dando una lección muy importante a los discípulos. En aquellos tiempos la mayoría de la gente se desplazaba de un lugar a otro caminando por caminos polvorientos contando sólo con unas sandalias amarradas con tiras de cuero que cubrían sus pies, de manera que los pies se llenaban de polvo lo cuál causaba incomodidad. Al llegar a una casa como gesto de bienvenida los buenos anfitriones adinerados ponían a un esclavo a lavar lo pies de los invitados. Los discípulos estaban en una habitación prestada en la cual no había anfitrión, y aunque allí estaba el recipiente con el agua y la toalla, ninguno de los doce tomó la iniciativa para prestar este servicio a los demás, ninguno quiso tomar el lugar de siervo.

Probablemente todos estaban esperando a que Jesús señalara a uno de ellos y le ordenara hacer esto. Mientras estaban comiendo, Jesús se levanta en silencio, toma el agua y comienza a lavarles los pies. Jesús, el Hijo de Dios encarnado no sentía que asumir este trabajo para servir a otras personas era una deshonra o una humillación, pero el orgullo que estaba arraigado en el corazón de los discípulos les hacía pensar de otra manera.

▌▌▌ Pida a un voluntario que lea los versículos 6-11 de Juan 13. Luego pregunte a los alumnos ¿por qué creen ustedes que Pedro reaccionó de esta manera? ▌▌▌

En el verso 7 Jesús nos da la respuesta. Pedro no podía entender que Jesús, el líder del grupo, el Hijo de Dios, el Dios hecho carne, se rebajara a tomar este papel de esclavo, lo que socialmente se consideraba entre los oficios más humillantes. Pero Jesús le dice que lo que él estaba haciendo no era posible que lo comprendiera todavía pero que lo comprendería después. ¿A qué se refiere Jesús con esto? ¿Cuándo comprendería Pedro que el hacer obras de servicio al prójimo no es algo que nos degrada a los ojos de Dios, sino todo lo contrario?

||| Pida a otro alumno que lea los versículos 12-20. |||

Queda claro en estas palabras de Jesús que el servir a otros debe ser una característica natural en la vida del cristiano. Pero aunque los discípulos amaban al Señor, y querían imitarle en todo lo que él hacía, todavía no alcanzaban a comprender la grandeza de su amor y no eran capaces de amar a otros de esta manera, no podían vivir la vida como Jesús.

Mientras Jesús estuvo con ellos fue el modelo de esa clase de vida donde el amor de Dios se derrama desde el corazón hacia afuera, aunque ellos demostraron una y otra vez que no eran capaces de reproducir este amor santo en su vida. Jesús no ignoraba esto; el amor de Dios no se puede imitar, no se puede obtener por los esfuerzos humanos, no se produce por hacer sacrificios personales, ni por estar convencido de que es lo que debemos hacer.

En el versículo 20 les dice que la capacidad para amar de esta manera sólo podría llegar a sus vidas cuando recibieran al que enviaría en su lugar. Luego en el capítulo 14:16-17 Jesús les dice que el enviará al Espíritu Santo. Esta obra del Espíritu Santo será el tema de la lección siguiente.

En este momento los alumnos completan la actividad 5.

En la próxima lección hablaremos sobre la provisión que Dios ha hecho por medio de la muerte de Cristo y la obra del Espíritu en nuestra vida, para ser libres de estas actitudes egoístas (señale el corazón de la pizarra) que impiden que el amor de Jesús se impregne en nuestro espíritu, mente y corazón.

Pida a los alumnos terminar con la actividad 6. Luego concluyan con un tiempo de oración individual.

Definición de términos claves

- **Fe:** La fe es una persuasión, proviene de la palabra griega "pistis" que significa "estar convencido, creer fuertemente, tener la convicción de que una cosa es real, verdadera o cierta.

- **Siervo:** Un siervo es aquel que trabaja para otra persona. Los sirvientes pueden ser esclavos o pueden ser remunerados por sus servicios. Al decir que somos siervos de Dios, le estamos diciendo que Él es nuestro dueño y que estamos a su disposición.

- **Esclavo:** El esclavo es aquella persona que sirve a otra porque esa otra persona es el dueño de su vida. Los esclavos casi siempre tienen pocos derechos y pueden ser usados por su amo o dueño de la manera que a ellos les plazca. Ser un esclavo es lo exactamente opuesto a ser una persona libre. Pero a veces, por decisión propia, decidimos hacernos esclavos de alguien más. Como cuando decidimos hacernos siervos de Dios, le estamos diciendo que queremos ser sus esclavos para que Él controle nuestras vidas.

- **Humildad:** La humildad es básicamente una actitud de modestia. Para ser una persona humilde es necesario entender que nuestro orgullo propio puede llevarnos a tener un concepto mucho mas alto de nosotros mismos de lo que en realidad somos. Aunque muchas veces seamos exitosos y prósperos, como personas humildes tenemos que entender que todo lo que tenemos, incluyendo nuestra vida, es un regalo de la gracia de Dios.

- **Egoísmo:** La palabra de Dios dice en Mateo 10: 8b que si de gracia recibimos, de la misma manera tenemos que dar. Cuando no queremos llevar a cabo este mandato dado por nuestro Señor Jesucristo, estamos siendo egoístas. El ser egoísta quiere decir que no queremos que los demás tengan lo que nosotros tenemos.

- **Orgullo:** Cuando nos referimos a orgullo queremos decir que la arrogancia, la vanidad, y el exceso de estimación propia son parte de nuestras vidas.

Resumen

Los pasajes estudiados nos muestran algunas de las reacciones que salían a la luz en la vida de los discípulos donde ellos podían ver las evidencias de que necesitaban una obra más profunda de limpieza del pecado en su ser. El seguir a Jesús y servir a otros requiere que estas actitudes sean purificadas.

Cada cristiano, así como los discípulos, ve surgir estos pensamientos, actitudes, palabras y hasta acciones en su vida. Sólo el poder del Espíritu Santo morando plenamente en el creyente puede limpiar este pecado indeseable que trae tristeza y dolor, e impide que pueda agradar a Dios en un ciento por ciento en todo lo que piensa, dice y hace.

Hoja de Actividades

ACTIVIDAD 1
En grupos de 3 a 4 integrantes lean Mateo 8:23-27 y respondan a las siguientes preguntas:

1. ¿Por qué reprendió Jesús a los discípulos en esta ocasión?

_____

2. ¿De qué tenían miedo?

_____

3. ¿De qué dudaban?

_____

4. ¿Están de acuerdo en que el miedo y la duda son síntomas de falta de fe?

_____

5. Escriban unas ideas sobre ¿Qué es la fe?

_____

_____

6. Lean 2 Timoteo 1:12 y comparen lo que dice sobre la fe con la definición de la pizarra y las ideas que escribieron en la pregunta anterior. Luego escriban una definición de fe propia del grupo.

_____

_____

7. En base a estas definiciones describan ¿Cómo es una fe débil?
(Pueden usar palabras como: desconfiada, dudosa, temerosa, fluctuante, indecisa, y otras).

_____

_____

ACTIVIDAD 2
Señale en el siguiente test un número entre el 0 y el 10 indicando ¿cómo esta su fe en este momento? Marque un círculo alrededor del número, siendo el 0 lo más bajo y el 10 lo más alto.

1.	Débil	0-1-2-3-4-5-6-7-8-9-10	Fuerte
2.	Desconfianza	0-1-2-3-4-5-6-7-8-9-10	Confianza
3.	Le cuesta creer	0-1-2-3-4-5-6-7-8-9-10	Todo lo cree

4.	Impaciente	0-1-2-3-4-5-6-7-8-9-10	Todo lo espera
5.	Duda con frecuencia	0-1-2-3-4-5-6-7-8-9-10	Persiste en todo tiempo
6.	Cree si ve las evidencias	0-1-2-3-4-5-6-7-8-9-10	Cree aunque no ve
7.	Duda de las promesas de Dios	0-1-2-3-4-5-6-7-8-9-10	Confío en las promesas de Dios
8.	No hace diferencia en mi vida	0-1-2-3-4-5-6-7-8-9-10	Me ayuda a vivir
9.	No creo en los milagros	0-1-2-3-4-5-6-7-8-9-10	Oro y espero milagros
10.	Tengo temor por mi futuro	0-1-2-3-4-5-6-7-8-9-10	Confío mi futuro a Dios

ACTIVIDAD 3
Lea Marcos 8:34 y responda:

a. ¿Tiene o ha tenido problemas para seguir a Jesús, o sea obedecer todo lo que le pide?

_____

b. ¿Cuál ha sido o es su obstáculo mayor para seguir a Jesús?

_____

c. ¿Qué es lo que está dispuesto a hacer para seguir a Jesús hoy, si el se lo pidiera? Señale si, no o tal vez en la siguiente lista:

	No	Talvez	Si
1. Arriesgar tu vida predicando en un país donde hay pena de muerte por hacerse cristiano.	_____	_____	_____
2. Cuidar a un enfermo con sida.	_____	_____	_____
3. Ir de misionero a un país donde puedes enfermar de algo incurable.	_____	_____	_____
4. Ir a evangelizar a los niños de un barrio donde hay pandillas violentas	_____	_____	_____
5. Pasar noches en vela para atender a drogadictos en recuperación	_____	_____	_____
6. Vender tu auto confortable para comprar una vieja microbús y llevar gente a la iglesia	_____	_____	_____
7. Sacrificar el tiempo de los partidos de fútbol para prepararte para enseñar a otros	_____	_____	_____

	No	Talvez	Si
8. Renunciar a un trabajo bien pago para tener más tiempo para el ministerio	_____	_____	_____
9. Ayunar la comida que te gusta para ofrendar ese dinero a las misiones	_____	_____	_____
10. Dormir menos para estudiar en el Seminario o escuela de liderazgo.	_____	_____	_____

ACTIVIDAD 4.

Reflexione y responda a las preguntas abajo y luego comparta sus respuestas con el resto de la clase.

1. ¿Cuándo fue la última vez que perdiste la paciencia y te enojaste?

_____

2. ¿Cuál fue el motivo? ¿Qué fue lo que te molesto?

_____

3. ¿Este enojo te llevó a hacer algo de lo que ahora te arrepientes?

_____

4. ¿Crees que tu reacción se debe a orgullo, vanidad, egoísmo o auto complacencia que hay en tu corazón?

_____

5. ¿Crees que serías un mejor cristiano si tu corazón fuera libre de estas tendencias egoístas?

_____

ACTIVIDAD 5.

Responda a las siguientes preguntas

1. ¿Porque nos es tan difícil servir a otros?

_____

2. ¿Cuáles son los trabajos de servicio a otros o a la comunidad que son menos valorados por la sociedad en su contexto?

_____

3. ¿Cómo se sentiría haciendo uno de estos trabajos?

_____

4. Haga una lista de aquellas cosas en las que le cuesta servir a otros de buen ánimo en el hogar, en el trabajo, en la iglesia, en la comunidad, etc.

_____

5. ¿Qué cree que necesita para tener la disposición a servir a otros que tenía Jesús?

_____

ACTIVIDAD 6.

Haga un dibujo que represente su corazón y escriba en él las actitudes pecaminosas que están presentes en su vida y que necesitan ser limpiadas. Luego tenga un tiempo privado de oración pidiendo a Dios que le ayude a comprender cómo ser librado de todo esto.

LECTURAS RECOMENDADAS

- Juan 1:19-28
- Juan 14:15-31
- Juan 15:1-17
- Juan 16:1-24
- Juan 17:1-26

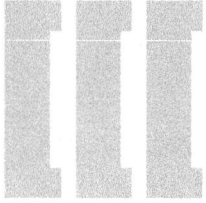

¿Natural, carnal o espiritual?
LECCIÓN 7

Objetivos de la lección

Que el alumno...

- Conozca los diferentes estados espirituales y el lenguaje bíblico que los describe.

- Comprenda que el cristiano no ha sido salvado para vivir esclavo del pecado.

- Identifique donde se encuentra su vida en este momento en cuanto a su progreso espiritual.

- Tome conciencia de que la llenura del Espíritu no es una opción sino una etapa más en el desarrollo del cristiano.

- Sea incentivado a experimentar esa vida de calidad, libre del dominio del pecado que provee la llenura del Espíritu.

Recursos

- Caramelos.
- Pizarra, marcadores o tiza.

Introducción

En la lección anterior estudiamos sobre las actitudes pecaminosas que permanecen en los creyentes y que son fruto de la raíz de pecado que anida en su ser interior. En esta lección y la siguiente estudiaremos cuatro tipos de estados espirituales y vamos a conocer más sobre el pecado que mora en la vida del creyente y que le estorba para vivir la vida conforme a la voluntad de Dios.

Pida a los alumnos que completen la actividad 1. Luego pida a los alumnos que digan con quién se identificaron, por ejemplo: ¿Quiénes se identificaron con Julia? ¿Quiénes con Roberto? Y así sucesivamente. Luego felicite a su clase por su honestidad y obsequie unos caramelos como recompensa por un trabajo bien hecho.

¦¦¦ Continúe exponiendo la lección y mientras habla, escriba el nombre de los personajes y la palabra clave de cada uno en la pizarra. Diga algo así... ¦¦¦

Para los que se identificaron con *Julia*, la palabra clave que describe tu experiencia con Dios es: *Relación*, ¡felicidades, eres una persona espiritual! Tú desarrollo espiritual es como debe ser.

Si tu vida es como la de *Miguel*, no te desanimes, ahora conoces a Dios pero quieres más, y ese sentido de *insatisfacción* es una etapa más de tu crecimiento cristiano. Esta inconformidad la ha puesto el Espíritu Santo dentro de ti porque Dios quiere llevarte a una entrega más completa a su voluntad. ¡Felicidades! Vas por buen camino.

Si tu vida se parece a la de *Karina*, la palabra clave que describe tu experiencia con Dios es: *religión*, eres una persona natural, o sea, aún no has aceptado a Cristo como tu Salvador personal.

Si tu vida es semejante a la de *Roberto*, la palabra clave que describe tu experiencia con Dios es: *Conocer*, y en palabras del apóstol Pablo eres un cristiano carnal. Tu vida no es lo que Dios quiere para ti. Necesitas un compromiso más profundo con el Señor.

Veamos ahora que enseña la Palabra sobre cada uno de estos estados.

[[[Estudio Bíblico

Todo cristiano que desea crecer a semejanza de Cristo, pasa en su vida espiritual por tres etapas:

1. EL QUE CAMINA EN EL PECADO (PERSONA NATURAL)

[[[Pida a dos voluntarios que lean Efesios 2:1-3 y Gálatas 5:19-21.]]]

La persona natural es como Karina, está viva pero muerta espiritualmente porque vive separada de Dios. Su mente, sus emociones y su voluntad están dirigidas por su carne. Toma sus decisiones guiada por su propio entendimiento sin la orientación de la Palabra de Dios. Hemos estudiado este estado espiritual en las primeras lecciones de este trimestre.

En Efesios leímos que todos los que ahora somos salvos pasamos por esta etapa cuando vivíamos en desobediencia a Dios. Esta es una persona que comete pecado en su pensamiento, en su hablar y en su manera de hacer las cosas. La lista de pecados de Gálatas 5 incluye tanto el pecado interior, como las manifestaciones externas, que son el fruto de esos otros pecados que no se pueden ver.

La persona natural está muerta espiritualmente. Puede ser una persona muy malvada o puede ser un buen ciudadano, una persona decente que se ve a sí misma como justa, pero al no tener a Cristo en su vida no tiene al Espíritu, ni tiene vida eterna. Tiene cuerpo y alma, pero no tiene vida espiritual. Romanos 8:9 dice: *"Y si alguno no tiene el Espíritu de Cristo, no es de él."*

Esta persona necesita arrepentirse de sus pecados y aceptar a Cristo como su Salvador personal.

2. EL CREYENTE QUE SIGUE A CRISTO PERO TODAVÍA VIVE EN LA CARNE (PERSONA CARNAL)

Cuando la persona ha nacido de nuevo el Espíritu que viene a morar en su ser, inicia un proceso de transformación que dura toda su vida. Somos nuevas personas, renacidas como hijos e hijas de Dios, gozamos de una nueva forma de vida, pero como Miguel al poco tiempo descubrimos que algo no anda tan bien como esperábamos.

[[[Pida a un alumno que lea Gálatas 5:16-17.]]]

Todos los cristianos vivimos en la carne, porque estamos en un cuerpo de carne, pero hay una diferencia entre vivir en la carne y ser carnal. Esta palabra griega que se traduce "carne" representa todo aquello que se opone al Espíritu. Los deseos de la carne nos quieren impulsar a servir a la carne o sea vivir conforme nos dictan los deseos del cuerpo, la mente y las emociones. No es que el cuerpo sea malo, pues es creación de Dios y Dios no hace nada que sea malo o que no sirva. Pero el problema del cuerpo es que está acostumbrado a satisfacerse a sí mismo de manera egoísta.

Por ejemplo, un alcohólico que quiere dejar de beber, no puede obedecer a su cuerpo porque este desea seguir bebiendo y se ha hecho dependiente del alcohol. A menos que su voluntad se imponga a los deseos de su físico seguirá siendo un bebedor toda su vida.

Ahora bien, esta carne permanece en todos los nuevos creyentes y muy pronto se manifiesta en la vida del discípulo, como vimos en la lección anterior. Algunos cristianos se confunden cuando descubren este anhelo dentro de sí mismos de volver a las cosas que habían dejado. Probablemente, esto se debe a que están confundidos al creer que luego de la experiencia de salvación se acaban todos los problemas con el pecado. Pero no es así. En realidad, en el interior del nuevo discípulo se inició una guerra. Vencer las tentaciones se le hace difícil, porque hay un deseo creciente en su ser de satisfacer los deseos de la carne, que se oponen a la vida que Jesús quiere enseñarle.

Esta fuerza interior que nos invita a desear lo opuesto a la voluntad de Dios, recibe también los nombres de "vieja naturaleza", "viejo yo" o "viejo hombre". Este deseo proviene de la raíz del pecado de Adán, con el cuál toda la raza humana ha sido contaminada. Este "viejo yo" desea que volvamos a las costumbres que teníamos antes de ser cristianos y lucha para que en nuestra vida no se arraiguen hábitos nuevos como orar, diezmar, amar a los enemigos, servir a otros primero, etc. El cuerpo se resiste a los cambios, la mente se resiste a ser una persona diferente, el corazón no quiere separarse de los viejos amigos …

Alguien describió que la vida del cristiano en esta etapa es como tener dos leones peleando en su interior para ver quien logra tener el dominio. Uno es el león viejo, la vieja voluntad, también llamada el viejo hombre o el "yo" pecaminoso, la cuál está acostumbrada a dominar y no tiene ninguna intención de sujetarse a Cristo. Esta voluntad es nuestra identidad anterior, nuestra vida vieja habituada al pecado, lo que éramos antes de haber nacido de nuevo en Cristo. El otro león es joven, es la vida nueva, la persona regenerada y renacida en Cristo que desea agradar a su Salvador y Señor. El nuevo creyente pronto descubre que el león viejo es difícil de mantener bajo control.

Lo natural en la vida del cristiano no es permanecer mucho tiempo en este estado. En las lecciones siguientes veremos la salida que Dios ha provisto en Cristo para darnos libertad completa de esta condición de pecado.

3. El creyente que vive la vida de Cristo (persona espiritual)

▌▐ Pida a un alumno que lea Romanos 8:1. ▐▌

Hay otra forma de vivir a la que Dios quiso llevarnos desde que nos ha dado la vida en Cristo Jesús, es la vida conforme al Espíritu. Como Julia, la persona espiritual ha ido más allá de la experiencia de la salvación y ha descubierto que ser lleno del Espíritu le ha cambiado la vida.

Si leemos los primeros capítulos del libro de los Hechos comprobaremos que cuando los discípulos fueron llenos del Espíritu Santo se produjo un cambio maravilloso en sus vidas. Mientras ellos estaban con Jesús no podían vivir a la altura de la vida de su Maestro, pero cuando el Espíritu les llenó, de repente comenzaron a tener poder para vivir la vida como su Señor.

Veamos algunos de los resultados de la llenura del Espíritu en la vida de estos hombres y mujeres.

La relación con Jesús fue diferente

Mientras los discípulos caminaron con Jesús no podían tenerlo dentro de sus corazones. Jesús estaba con ellos, pero aún así sus enseñanzas parecían no echar raíces en sus corazones. Les enseñó sobre la humildad y sobre el peligro de sentirse mayor que otras personas y aun así se peleaban entre ellos por quien sería el jefe de todos.

Fue hasta que Cristo logró entrar en ellos por medio del Espíritu Santo que se pudo dominar el orgullo que había en sus corazones. Esto era imposible antes de que Jesucristo diera su vida para que el pecado fuera totalmente limpiado de nuestro ser. Sólo siendo llenos del Espíritu Santo podemos tener a Jesucristo viviendo en nuestro ser.

▐▐▐ Lea Juan 14:23. ▐▐▐

Cuando el Espíritu llena al creyente, un amor nuevo hacia Dios se establece en su corazón. Cuando recibimos el amor de Dios, este inunda nuestro ser y comienza a desbordarse por lo que, amar a otras personas es algo que fluye naturalmente de la vida del cristiano. Nuestro corazón se convierte en algo así como una represa, que es rebalsada con agua fresca y tiene que abrir las compuertas para derramar el agua a los campos sedientos o de otra manera estallará.

Cuando Jesús nos llena de Su vida con Su Espíritu, Él y nosotros nos volvemos uno. Es algo así como una simbiosis espiritual y Él comienza a llenar nuestros pensamientos de sus pensamientos, nuestros afectos de los suyos, nuestra pasión de su pasión. Lo normal en la vida del cristiano es que desee esta relación más profunda con Jesús.

La unidad con el Cuerpo de Cristo se fortalece

▐▐▐ Pida a un alumno que lea Romanos 5:5. ▐▐▐

El amor de Dios derramado en el corazón de los discípulos reemplazó las malas actitudes que había en ellos. El amor de Dios es lo que hace posible que podamos amar a otros cristianos y estemos dispuestos a servirles en sus necesidades. Los cristianos de la iglesia primitiva compartían sus bienes materiales y su riqueza espiritual.

Muchas veces en la iglesia tenemos problemas cuando ponemos a trabajar personas que por su temperamento chocan entre sí. Algunas iglesias llegan a dividirse por este tipo de peleas que terminan enemistando a los hermanos. Cada uno dice amar a Dios individualmente pero ninguno está dispuesto a ceder en su orgullo para que la obra de Dios gane. ¡Es difícil creer que estas personas estén llenas de este Espíritu de amor de Dios!

En algunos de nuestros países de Latinoamérica todavía se pueden ver las construcciones donde se usaba barro para unir los bloques de piedra o los ladrillos de arcilla cocidos. Estas construcciones se han mantenido en algunos casos por más de cien años, pero estas paredes son fáciles de demoler. En España, también se pueden encontrar todavía en los pueblos casas viejas cuyas paredes son de piedras naturales puestas una sobre la otra y unidas con barro. Usted puede sacar con facilidad una piedra pequeña de estos muros porque la mezcla que las une no es buena. Todas estas construcciones se hicieron donde y cuando no había cemento disponible, o donde no se sabía que existía tal cosa. Pero hoy en día ¿a quién se le ocurriría hacer una casa uniendo los ladrillos con barro?

El amor de Dios tal como se describe en la Biblia es como la mezcla de cemento que se usa para unir los ladrillos en una pared. Este amor está disponible, sin embargo algunos siguen usando sustitutos que no unen de la misma manera, como el barro que se usaba antaño.

Poder para cumplir la misión que nos encomendó el Señor

||| Pida a un alumno que lea Juan 15:5. |||

El creyente lleno del Espíritu tiene una unción especial que produce fruto cuando sirve al Señor. Esto se debe a varios factores de los cuáles mencionaremos algunos.

El cristiano lleno del Espíritu es humilde para aprender, ha muerto al egoísmo que le llevaba a creer que todo lo sabía. Una persona que estudia y se prepara es más útil en la obra de Dios y su trabajo rinde mayor fruto. Otros, a causa del orgullo, andan a tientas cometiendo multitud de errores que pudieron prevenirse y gastan su tiempo y energía sin mayor provecho.

El cristiano lleno de la presencia del Señor trabaja en sociedad con el Espíritu Santo. En su caminar diario aprende a conversar con el Espíritu y a tomar decisiones guiado por el Espíritu. Es el Espíritu quien le muestra donde debe ir a predicar el evangelio, quien le hace recordar la enseñanza de la Palabra para cada ocasión, quien le da sabiduría práctica para resolver los problemas de la vida y dar consejo a otras personas.

El Espíritu Santo va delante de la persona espiritual preparando los corazones de la gente para que tengan hambre de oír la Palabra de Dios y deseen arrepentirse. Por otra parte el Espíritu le da la valentía al hombre o la mujer espiritual para hablar sin temor y sin vergüenza a las personas.

Poder para vivir en santidad

Esta experiencia es una segunda obra de gracia que nos da el poder de vivir cerca de Cristo y lejos del pecado.

||| Pida a un alumno que lea Romanos 6:11-14. |||

La voluntad de Dios para sus hijos es que no ofrezcan ninguna oportunidad al pecado en sus vidas. El desea expresar su amor por este mundo perdido por medio de todo nuestro ser, convertir nuestras manos, mentes y pies en instrumentos útiles y bien afinados que Él pueda usar. Los cristianos santos hablan con verdad, aman lo justo, se apasionan por la obra de Dios, invierten su tiempo, sus capacidades y bienes para servir a Dios. La vida de santidad es posible sólo cuando somos llenos del Espíritu Santo de Dios.

4. El cristiano que no crece (cristiano carnal)

La persona carnal como Roberto, aunque ha expresado su fe en Cristo y está viva espiritualmente, sigue deseando las cosas de esta vida antes que las espirituales. Frecuentemente sigue los impulsos de la "carne" guiado por sus apetitos. Los intereses de esta persona y sus decisiones están centrados en sí misma. Su mente está ocupada por pensamientos carnales, sus emociones dominadas por sentimientos negativos y su forma de relacionarse con Dios y con otros manifiesta este desequilibrio interior.

||| Pida a un voluntario que lea Santiago 1:8. |||

El apóstol Santiago le llama "hombre de doble ánimo que significa, "una persona que tiene dos almas o una doble vida". Esta persona quiere vivir como cristiano y como mundano al mismo tiempo; no quiere renunciar a los placeres terrenales, pero tampoco quiere perderse la vida eterna.

Personas como estas tienen su mente y sus afectos divididos, no están dispuestas a renunciar a hacer su voluntad para seguir a Cristo en un ciento por ciento. El cristiano carnal no está viviendo una vida agradable a Cristo.

Ningún hijo o hija de Dios tiene que permanecer en esta doble vida. El pecado es difícil de abandonar, penetra en nuestro pensamiento, en nuestra personalidad, nos esclaviza llevándonos a hacer cosas que nos avergüenzan y nos impide ver la salida que Dios nos ofrece por medio de Cristo Jesús. Pero cada hijo de Dios puede y debe vivir libre del dominio del pecado.

¿Desea usted que Dios quite completamente el pecado de su vida y le dé la libertad de su dominio? En las próximas lecciones vamos a profundizar más sobre el peligro de vivir en la carne y los beneficios de la vida en el Espíritu.

Definición de términos claves

- **Mundano:** perteneciente al mundo, que sirve al pecado y que es opuesto a Dios y a su voluntad. Puede usarse para señalar una costumbre, estilo de vida o una persona que no es agradable a los ojos de Dios.

- **Simbiosis:** asociación de dos o más elementos para formar una sola unidad, una vida en común.

- **Carne:** la vida del hombre habituada al pecado cuyo estilo de vida es proveer para sus propios gustos, placeres y ambiciones egoístas. En esta vida domina el "yo" o la voluntad de la persona.

- **Vieja naturaleza, viejo yo o viejo hombre:** otros nombres que recibe la vida en la carne, la cuál se denomina "vieja" para distinguirla de nueva vida en Cristo que ha venido a reemplazarla.

Resumen

Todas las personas viven en uno de los cuatro estados espirituales. La persona natural es aquella que no tiene una relación con Dios, vive en pecado, no tiene vida espiritual y a menos que acepte a Cristo como Salvador está destinada al infierno. El nuevo cristiano es una persona que ha renacido del Espíritu y que está en una etapa de crecimiento en su relación con Dios. Seguir a Jesús se le hace difícil debido a la herencia de pecado que hay en su vida y que necesita ser quitada por el Espíritu Santo. La persona espiritual es aquella que ha entregado el cien por ciento de su vida al Señor, ha muerto al egoísmo y crece en su relación de amor con Jesús y con sus semejantes. El cristiano carnal es un creyente que permanece por decisión propia viviendo una doble vida, su relación con Dios no es íntima y su vida es una mezcla de lo mundano con lo cristiano. Este último estilo de vida no es agradable a los ojos de Dios.

Hoja de Actividades

ACTIVIDAD 1

¿Con quien se identifica más? ¿A cuál de estas personas se asemeja más su relación con Dios, con el mundo y con su familia?

Julia:

Para Julia Dios es un Padre cercano y amoroso. Esta relación es muy importante para ella porque tanto su padre como el padre de sus hijos no fueron personas cariñosas y tiernas.

Ella disfruta de su tiempo a solas con Dios, conversa con Dios como con un amigo. Habla de Dios con entusiasmo y tiene la certeza de que Dios siempre la escucha, aún cuando esta triste y desanimada. Habla con Dios en su casa, mientras viaja al trabajo, cuando se levanta, cuando se acuesta... Para ella Dios es la persona más interesante del universo, alguien a quien vale la pena dedicarle tiempo para conocerlo más. Para ella obedecer a Dios no es una carga pesada, sino es la respuesta natural de alguien que ama a otro y desea agradarle.

Julia le ha entregado a Dios el control de toda su vida y siempre le consulta como usar sus talentos, como educar a sus hijos, y cada decisión importante o pequeña de su vida está bajo su dirección.

Para Julia vivir cada día en este mundo la confronta con un gran desafío. Ella sabe que las costumbres de las personas y los principios por los cuales viven están lejos de lo que la palabra de Dios enseña. Ella examina la Biblia buscando dirección para todos los asuntos de su vida: ¿cómo vestirse, como relacionarse con el sexo opuesto, que ver en la TV, que película alquilar? Algunas veces es difícil e incluso doloroso obedecer al Señor porque las reglas de Dios no son populares.

Ella se esfuerza por criar a sus hijos de manera que amen a Dios y tengan una relación personal con él. Ella confía en que el Señor es su proveedor y le dará sabiduría para administrar sus entradas. Para ella su trabajo, es un servicio para Dios.

Julia sufrió mucho cuando su esposo decidió terminar con su matrimonio, pero se recuperó con la ayuda de su familia y su iglesia. Luego de su divorcio ella decidió que ella y sus hijos servirían al Señor. Quiere ser un ejemplo de fidelidad cristiana a sus hijos. Quiere que ellos recuerden su voz cuando oraba por ellos. Ella quiere que sus hijos sepan que tienen una misión en este mundo para la cual Dios les ha dado la vida.

Miguel

Miguel es un joven de 25 años que tiene unos meses de haber nacido de nuevo y está tomando las clases de discipulado en su iglesia. Tiene muchos deseos de conocer más a Jesús, por eso se esfuerza por leer la Biblia y orar cada día. Le gusta ir a la iglesia porque allí aprende cosas nuevas acerca de Dios. Miguel siente que está enamorado de su Señor, le admira profundamente y desea ser como El en todas las áreas de su vida.

Pero últimamente descubrió que no es tan fácil obedecer a Jesús en todo lo que le pide. Muchas preguntas surgen en su cabeza: ¿Qué es eso de amar a los otros como nos amamos a nosotros mismos? ¿Eso de vivir sin pecar, es verdad que es posible? ¿Cómo puedo amar y perdonar a los que me han lastimado tanto?

Miguel quiere involucrarse en los ministerios de la iglesia y realmente disfruta mucho de esto de servir a otros, pero a veces le resulta difícil cuando hay en la televisión un programa que le interesa, o cuando quiere quedarse los sábados a dormir hasta tarde.

El admira a otros cristianos a los que siempre se les ve animados para trabajar en la iglesia y parece que nada les cuesta renunciar a su tiempo libre para estar allí trabajando junto a los líderes de los ministerios.

El admira a Jessica, por ejemplo, una joven de 23 años que todos los sábados llega al templo a limpiar y preparar todo para los servicios del domingo. También admira a don José, un hermano mayor que siempre le recibe con una sonrisa en la puerta del templo ¡se sabe el nombre de las más de 100 personas que asisten! Pero su favorita es doña Sonia, que es la cocinera cuando hay un evento especial. A ella la abandonó su esposo hace muchos años y sola crió a sus 8 hijos, trabaja de cajera en un supermercado y todavía tiene tiempo para evangelizar y discipular a otros. ¡Ella ha traído a más de 5 familias a la iglesia desde que se convirtió hace 3 años!

Para Miguel es difícil dejar las cosas de la vida antes de ser cristiano. Todavía siente deseos de ir a bailar con sus amigos. Le gusta fumar y de vez en cuando le da una probadita al cigarrillo. Miguel ha descubierto que dentro de sí hay una fuerza que le hace difícil obedecer a Dios en todo. A veces duda de su salvación, porque aunque quiere ser como otros cristianos, siente que nunca llegará a ser así.

Su relación con su familia no es fácil. De vez en cuando todavía le responde con mal ánimo a su padre. Pero el problema mayor se presentó con su novia, Paula. Ella no es cristiana y no entiende el cambio que hay en la vida de Miguel. Lo obligó a decidir entre ella o la iglesia, si quería seguir con ella tenía que demostrárselo empezando a vivir juntos como pareja (aunque sin casarse). Miguel con mucho dolor, porque ama a su novia, se vio obligado terminar la relación. El confía en que Dios tiene una esposa cristiana para él y esta decidido a esperar por ella.

Miguel no quiere volver atrás, el desea con todo su corazón tener la valentía para romper con todo lo que había en su pasado que le relaciona con el pecado. Miguel quiere tener esa fuerza interior para servir a otros y que no le cueste tanto dejar otras cosas para dedicar tiempo al trabajo en la iglesia. Miguel sabe que la felicidad que experimenta con Jesús, en nada se compara a la felicidad que le daba el mundo y quiere con todo su corazón que Dios llene su ser de Su amor y de pureza para ser como Jesús.

El quiere ser recordado como alguien valiente que siguió y sirvió a Jesús con todas sus fuerzas.

Karina

Karina tiene conciencia de que existe un Dios o fuerza de vida o ser superior, como quieran llamarle. De pequeña su abuela la llevó a la Escuela Dominical pero ya casi no recuerda nada de aquellas épocas. Tiene prejuicios contra la iglesia organizada y desconfía de los evangelistas de TV y sacerdotes. A veces se pone a pensar acerca de Dios cuando está de vacaciones en las montañas o en el mar.

Karina se considera una persona religiosa. Para ella Dios esta en todas partes. Recientemente le ha despertado curiosidad por leer libros sobre la vida espiritual. Ha comprado biografías del Dalai Lama, Mahatma Gandi, Buda y otros. Ha probado la meditación y la psicoterapia para ponerse en contacto con su ser interior. Cree que dentro de ella misma esta la clave para cumplir con su destino en este mundo. Para ella la autoridad de su vida es su propio yo iluminado.

Karina esta siempre en onda con lo nuevo. Opina negativamente sobre el aborto, la homosexualidad, la eutanasia, pero defiende el derecho de cada persona a escoger lo que quiera, lo que para ella vale realmente, es el libre derecho del ser humano a hacer lo que quiera con su vida y su cuerpo.

El trabajo para ella es un campo de juego donde unos y otros compiten por el éxito, el dinero, el poder y la realización personal. Ella esta determinada a tener éxito en su profesión cueste lo que cueste.

Se va a casar cuando encuentre realmente un buen candidato, por ahora esta pensando mudarse con su novio actual para ver como funciona.

Ella sueña con tener hijos con buena educación y que sean unos triunfadores. Quiere que sus hijos la recuerden como una mujer inteligente, independiente, afectuosa y divertida.

Ella quiere ser recordada como alguien que sabe bien lo que quiere y sabe luchar por sus sueños.

Enrique

Enrique tiene mucho tiempo de ser cristiano y sabe mucho acerca de Dios, el puede recitar versículos bíblicos de memoria como nadie y se expresa muy bien en la oración en público. También ora en su casa desde que aceptó a Jesús como su Salvador en su juventud.

Para él Dios es un líder poderoso y que esta demasiado ocupado resolviendo los problemas de este mundo. El no cree que Dios tenga interés en cultivar una relación personal con él.

Enrique ora por las mismas cosas una y otra vez porque piensa que de esta manera por su insistencia quizás Dios tenga misericordia y le escuche. Por lo general sus oraciones son por cosas que el mismo necesita: trabajo, seguridad para su familia, etc.

Para el servir a Dios es su responsabilidad. El es cristiano porque es el estilo de vida correcto, pero "siempre y cuando no te vuelvas un fanático" dice. A el le gusta compartir con la gente en la iglesia y colaborar con la iglesia porque es lo que Dios demanda de él, y a Enrique no le gusta sentirse culpable.

Entre la congregación además, tiene una red de contactos para su trabajo en la radio cristiana.

No le gusta mucho cuando el pastor de la iglesia pide ofrendas especiales o que den tiempo para algún ministerio. Para él Dios le hizo para disfrutar de la vida.

Enrique no es una mala persona, a él le interesa conocer lo que Dios quiere para su vida, pero por lo general hace lo que él quiere.

Para Enrique la Biblia es un libro un poco desactualizado en cuanto a asuntos de moral y valores. Enrique vive la vida de acuerdo a las normas aprendidas de sus padres o de su comunidad cristiana.

Sus valores cristianos son flexibles. En su casa se ven programas de TV y películas que enseñan valores y principios que están en rebelión contra la voluntad de Dios, pero está contento porque sus hijos todavía desean asistir al grupo de jóvenes de la iglesia.

Para Enrique su trabajo es una forma de ganarse la vida, y el éxito que tiene en su profesión se debe a su esfuerzo y talentos naturales.

Tiene muchas esperanzas para su familia. El se esfuerza por darle todo a sus hijos. Estos son adolescentes y pasan mucho tiempo con amigos no cristianos, pero siguen sacando buenas notas en la escuela y no son tan malos o tan mal educados como otros muchachos del barrio.

Su matrimonio parece fuerte, pero han perdido el romance después de muchos años de vivir juntos. Hay como una especie de pacto entre ellos dos: mientras el mantenga estable la economía de la casa ella lo tratará bien.

Enrique piensa que cuando lo recuerden van a decir: "El y su familia trataron de servir al Señor". Espera que sus hijos sean mejores cristianos que él y que no tomen en cuenta que no pasó mucho tiempo con ellos debido a su trabajo.

¿Con quien se ha identificado?

Si es con Julia, es que está satisfecho/a con su experiencia actual con Dios y disfruta creciendo cada día en su relación con Él.

Si es con Miguel, conoce a Dios pero no está satisfecho/a de su relación actual y está en la búsqueda de una experiencia y relación más profunda.

Si usted es como Karina, aún no ha aceptado a Jesús como Salvador y está viviendo como una persona religiosa.

Si es como Enrique, conoce a Dios pero ha optado por un estado de infancia espiritual que es extremadamente peligrosa.

LECTURAS RECOMENDADAS:

- Salmos 112
- Salmos 42
- Salmos 1
- Lucas 8:4-15
- Apocalipsis 3:14-22

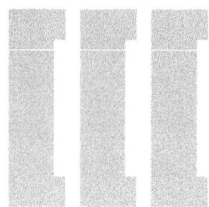

Una infancia larga y peligrosa
LECCIÓN 8

Objetivos de la lección

Que el alumno...

- Comprenda que permanecer en la vida en la carne no es una opción para los hijos e hijas de Dios.

- Pueda identificar si existen en su vida evidencias del dominio del pecado sobre la voluntad de Dios.

- Reflexione sobre el mal que causa una persona carnal a sí misma y a la iglesia del Señor.

Recursos

- Biblias en diferentes versiones.

- Dos o más frutas de estación del mismo tipo, una verde y la otra madura en el punto en que es más dulce. Por ejemplo: durazno, pera, papaya, melón, banano u otro tipo en el cuál la diferencia de sabor se distinga cuando la fruta está madura. Las frutas deben llevarse a la clase enteras, para cortarlas en trocitos y dar de probar a los alumnos un trozo de fruta verde y otro de fruta ya madura y dulce. Calcule llevar suficiente para toda la clase.

- Un plato o fuente, cuchillo y palillos de dientes o servilletas para servir.

Introducción

En la lección anterior vimos el tipo de vida del creyente carnal que es semejante a la de Enrique. Enrique es el típico creyente que se rehúsa a crecer, a ir más adelante en la vida espiritual. Vamos a iniciar esta lección haciendo un repaso de la vida del creyente carnal.

¿Qué es lo que un cristiano debe hacer en casos como estos? La Biblia dice que debemos restituir…

·····················o Pida a la clase que complete la actividad 1.

Hemos apartado esta lección para estudiar este estado espiritual de los cristianos que se mantienen viviendo en la carne porque este es el problema más serio que ha enfrentado la iglesia cristiana en toda su historia. Usted se pregunta: ¿por qué? ¿Qué daño puede hacer este tipo de persona? ¿Por qué no les dejamos vivir la vida cristiana a su manera? ¿Después de todo ellos son así y tenemos el deber de amarlos como son?

Si usted piensa de esta manera no tiene la información adecuada. Los cristianos carnales han sido y son el peor enemigo para el avance del evangelio en este mundo.

·············o Para comprender mejor esto pida a los alumnos que realicen la actividad 2.

Estudio Bíblico

Inicie el estudio bíblico asignando a varios alumnos que lean 1 Corintios 3:1-4 en distintas versiones.

En este capítulo de 1 Corintios el apóstol Pablo describe la situación espiritual en que se encontraban los cristianos de Corinto. Les llama carnales y bebés espirituales, les dice que viven peleándose entre ellos y que son semejantes a los hombres y mujeres pecadores. Esta era la razón de que el apóstol se viera limitado para enseñarles las verdades espirituales, ya que ellos no estaban en condiciones de comprenderlas y ponerlas en práctica. No era que a los creyentes de Corinto les faltaba inteligencia, ellos eran personas educadas y capaces de aprender; pero eran incapaces de asimilar las verdades profundas que Dios tenía para sus vidas.

Este estado de carnalidad en que vivían los hermanos de Corinto causaba problemas a la iglesia, a los líderes espirituales y a ellos mismos. Veamos entonces cuáles son los peligros de que un creyente permanezca indefinidamente en este estado.

1. UNA INFANCIA PROLONGADA

Pablo describe al creyente carnal como alguien que tiene un buen tiempo de ser cristiano pero que todavía es un niño, un bebé espiritual. ¿Qué significa esto?

En la iglesia es normal tener bebés espirituales que son los nuevos creyentes. Estos están aprendiendo por medio del discipulado las verdades básicas de la Palabra y dando sus primeros pasos como discípulos de Cristo. Estas personas, como los bebés, son muy frágiles, necesitan de muchas atenciones y de una persona que los cuide, es decir, necesitan ser pastoreados muy de cerca. Todo el tiempo deberíamos tener bebés espirituales en la iglesia. Ellos son un síntoma de que la iglesia está cumpliendo con su misión de ganar a los perdidos para Cristo.

Pero los otros bebés son un caso diferente, se espera que los cristianos que ya han estado cierto tiempo en la iglesia estén más desarrollados. Pablo dice que estas personas no son capaces de digerir o asimilar las riquezas espirituales que Dios tiene preparadas para sus hijos. Como los niños, no pueden decidir que es lo que les conviene. En otras palabras, son totalmente incapaces de discernir la verdad del engaño debido a su falta de conocimiento de las verdades divinas. Pablo dice que no habían alcanzado el nivel de crecimiento espiritual que ya debían tener, y que debido a esto, tuvo que volver a enseñarles las cosas básicas acerca del cristianismo, ya que su vida era semejante a la persona natural.

A igual que un padre y una madre se preocupan si su bebé no gana peso y no crece en altura, a Pablo le preocupaba la falta de crecimiento de los corintios porque era un síntoma de mala salud espiritual. Estos cristianos mostraban las características propias de los bebés: no podían ayudarse a sí mismos y no podían ayudar a otros.

Un bebé no puede ayudarse a sí mismo

Los cristianos carnales no saben alimentarse a sí mismos. Dependen de los pastores a quienes convierten en sus niñeras. Mantienen a sus pastores (o pastoras) ocupados dándoles alimento, solucionando problemas de sus relaciones, pidiendo consejo por cualquier pequeño problema, pidiendo que intercedan por ellos en oración, animándoles o haciendo el trabajo del ministerio que ellos deberían estar haciendo.

Como no tienen victoria sobre el pecado, vuelven una y otra vez a los pecados de la vida vieja. El que un cristiano año tras año permanezca en el pecado, es una señal de que algo anda mal; así como ocurre con un niño que no crece en altura, ambos muestran síntomas de enfermedad.

Un bebé espiritual no puede ayudar a otros

▌▌▌ Pida a un alumno que lea Hebreos 5:11-14. ▐▐▐

El autor de la carta a los Hebreos, al igual que Pablo, se encontró con esta misma dificultad con algunos creyentes judíos que se resistían a madurar. Los líderes de la iglesia no podían entrenarlos para que asuman responsabilidades de ministerio en la iglesia; por el contrario, debían ayudarles porque no tenían fortaleza espiritual. Debido a que el creyente carnal no puede ayudarse a sí mismo, tampoco puede servir de guía espiritual para otro. El autor de Hebreos dice en el verso 12. *"debiendo ser ya maestros después de tanto tiempo,..."* Estos hermanos tenían varios años de ser cristianos, pero no eran capaces de asumir responsabilidades en la iglesia.

En nuestro tiempo escuchamos con frecuencia a los pastores quejarse de los creyentes que no asumen responsabilidades. En ocasiones encontramos iglesias donde asiste un promedio de 100 personas y ¡no pueden llenar apenas las 7 plazas de maestros de Escuela Dominical! Da mucha tristeza estar en alguna iglesia donde se piden voluntarios para hacer tareas pequeñas, como por ejemplo alistar los elementos de la comunión, traer un plato de comida para el almuerzo o colaborar con una ofrenda para el campamento de jóvenes de la iglesia y ver que son pocas son las manos que se levantan. ¿Qué nos pasa? ¿Qué es esta falta de interés? ¿Será que somos como niños incapaces de asumir cualquier tipo de responsabilidad? ¿Será que nos falta amor y pasión por la obra de Dios? Todos estos son síntomas de carnalidad y la carnalidad es pecado.

En las iglesias saludables los cristianos crecen. Desde que aceptan a Cristo como Salvador son discipulados en forma constante hasta que están preparados para asumir responsabilidades en el Cuerpo de Cristo. La experiencia de muchas de estas iglesias crecientes alrededor del mundo demuestra que lleva un promedio de dos años preparar a un nuevo creyente para que asuma una responsabilidad liderando a otros, como por ejemplo ser un discipulador, o un líder maestro de un grupo pequeño.

En ocasiones, tenemos que reconocer, que la culpa es de los líderes de la iglesia local que no han dado prioridad al discipulado. Es triste que los nuevos creyentes permanezcan sentados en las bancas o sillas del templo y que no haya preocupación en los líderes por entrenarlos para que ellos puedan involucrarse en el servicio también.

Pero cuando se dan las condiciones en la iglesia local, y la persona recibe enseñanza para su nivel de desarrollo espiritual y de todas maneras no hay progreso en su vida, ni muestra interés en servir a los demás, los síntomas evidencian carnalidad.

2. NO PUEDEN RECIBIR LAS VERDADES MÁS PROFUNDAS

Eran "tardos para oír"

En Hebreos 5:11 hemos leído que estos hermanos carnales se habían hecho "tardos para oír". No es que ellos tenían algún impedimento mental o físico que les limitara en el aprendizaje. Ellos eran lentos y perezosos para oír y asimilar lo que se les enseñaba porque rechazaban las verdades espirituales que les eran compartidas. ¡Qué cuadro tan triste! ¡Qué mal se debían sentir sus pastores y maestros cristianos, al ver que sus enseñanzas caían en saco roto!

No habían aprendido

Luego en el versículo 12 dice: …*"tenéis necesidad de que se os vuelva a enseñar los primeros rudimentos de las palabras de Dios…"* Estos hermanos eran como alumnos de escuela que habiendo desaprobado el año debían volver a cursar el mismo período y tomar las mismas lecciones.

Es importante que entendamos bien en qué consiste el aprendizaje. Para que ocurra aprendizaje espiritual se necesita la participación de al menos tres sujetos: el maestro que cumple el rol de educador; el alumno que cumple el rol de aprendiz o discípulo y el Espíritu Santo quien obra el milagro de la enseñanza. Es importante señalar que si cualquiera de estas partes no cumple con su función entonces no hay aprendizaje. Veamos brevemente los roles de cada uno.

El maestro es el responsable de dar el alimento adecuado según la etapa de desarrollo espiritual de la persona. A los bebés espirituales debe darles "leche" o sea las cosas básicas que se ven en las lecciones para nuevos creyentes. Cuando tiene alumnos más maduros ya puede ir a los conceptos y verdades más profundas de la Palabra de Dios. Sin embargo, la enseñanza espiritual no es sólo el traspaso de datos y conceptos del maestro al alumno, pues el discipulado cristiano consiste en aprender a vivir como Jesús en todas las áreas de la vida. De manera que el maestro o líder cristiano es uno que enseña a vivir y para eso es fundamental mostrar el ejemplo y constatar que sus alumnos estén viviendo de acuerdo a lo que se espera de ellos en cada etapa de su desarrollo.

El alumno es responsable de llevar lo que aprende a su diario vivir. En el discipulado cristiano no podemos escoger qué vamos a obedecer y qué no. Cuando hacemos este tipo de elecciones nos convertimos en carnales. Esta actitud del creyente carnal es lo que expresa el dicho popular: "le entra por un oído y le sale por el otro". Pero si el alumno oye y aplica los conocimientos de la Palabra, su vida se desarrolla normalmente y la vida de Cristo se va conformando en su ser, crece paso tras paso recibiendo más y más del Espíritu.

El Espíritu Santo es quien hace posible que lo que aprendemos por medio de los sentidos (oído, vista, tacto, etc.) podamos comprenderlo, es decir, que sea algo que tenga sentido para nuestra vida. El Espíritu nos da también la sabiduría para llevarlo a la práctica. Sin embargo, como toda gracia que viene de Dios puede resistirse. El creyente puede negarse a hacer algún cambio que sabe que Dios le pide limitando de esta manera el actuar del Espíritu en su ser.

¿Cómo nos damos cuenta si una persona aprendió o no? Cuando muestra evidencias de madurez ¿verdad?

▎▎▎ Saque las frutas, muéstrelas a la clase y pregunte: ¿Cómo distinguimos la fruta madura de la inmadura? Deje que expresen sus ideas, al tiempo que usted corta las frutas en pedazos y pone los trozos en dos platos diferentes, uno para las maduras y otro para las verdes. Luego diga… la mejor forma de saber si una fruta está madura es probándola ¿verdad? Permita que los alumnos tomen un pedazo de fruta de cada plato y lo coman. Luego pregunte: ¿Cuál sabe mejor? ¿Cuál prefiere usted? ¿Qué nos enseña esto? ¿Cómo podemos comprobar que una persona está aprendiendo y creciendo en la vida de Cristo? Puede anotar las ideas en la pizarra y luego hacer una síntesis de la opinión de la clase en un frase corta. ▎▎▎

Eran inexpertos

Más adelante, en el verso 13 Pablo les llama "inexpertos", que significa carentes de experiencia. Estas personas no habían experimentado muchas de las cosas de la vida cristiana. Eran rebeldes para poner en práctica en su vida lo que aprendían y por eso no adquirían experiencia.

Por ejemplo, si aprendo que debo perdonar a los que me han ofendido y me niego a hacerlo, no estoy poniendo en práctica el perdón. El perdón sigue siendo tan sólo un concepto para mí y no podré comprobar la libertad de esa carga del odio o el resentimiento. Si no he perdonado, tampoco puedo poner en práctica el amor hacia mis enemigos. Esta falta de obediencia va creando una barrera entre el Padre Celestial y el creyente, porque negarse a obedecer es pecado.

No eran capaces de diferenciar el bien del mal

En el versículo 14 dice: *"no tienen los sentidos ejercitados en el discernimiento del bien y el mal"*. Esto que dice el autor es algo a lo que debemos poner mucha atención. Lo peligroso de la vida en la carne es que finalmente terminamos justificando el pecado, es decir, excusándonos a nosotros mismos por hacer lo que no agrada a Dios.

Cuando el nuevo cristiano comienza a obedecer a Dios en las pequeñas cosas, la obediencia en todo lo demás llega naturalmente, aunque sabemos que no será fácil y que requerirá aprender disciplina. Al otro lado, el creyente carnal se desliza con frecuencia en las cosas pequeñas, aquellas que no se ven y al no ejercitarse en obedecer en lo que es más fácil, no llega a desarrollar una obediencia del ciento por ciento a la voluntad de Dios.

El juicio para distinguir el bien del mal sólo lo recibimos del Espíritu Santo cuando llena nuestra mente y nos guía en nuestros pensamientos para llegar a conclusiones sobre las cosas y las situaciones de acuerdo a la enseñanza de la Palabra de Dios. El escuchar la voz del Espíritu y dejarnos guiar por él es un ejercicio que se alcanza con la práctica.

Por ejemplo, si el Espíritu me hace sentir mal por la forma en que respondí a un hermano y no hago nada al respecto, y por el contrario continúo haciendo lo mismo vez tras vez; al cabo de un tiempo esta voz del Espíritu será imperceptible para mi. Cada cristiano debe desarrollar sus sentidos espirituales interiores para oír la voz interna del Espíritu. El desoír esta voz o ignorarla puede llevarnos a vivir una vida desorientada, no sabiendo distinguir entre lo bueno y lo malo, haciendo fácil que el pecado nos arrastre y finalmente volvamos a la vida en el pecado.

3. EL PECADO Y EL FRACASO DOMINAN SU VIDA

Los pecados manifiestos en la vida de los corintios eran celos, contiendas y disensiones (1 Corintios 3:3-4). Estos hermanos demostraban con su conducta y sus actitudes que seguían viviendo como personas que no habían nacido de nuevo. Ellos se dejaban llevar por los celos, envidiándose los unos a los otros. Se dividían agrupándose en bandos y discutían acaloradamente para defender su propia opinión. Como no podían ponerse de acuerdo se creaban divisiones entre ellos que cada vez los separaban más. Ellos no hacían nada para guardar la unidad; ninguno estaba dispuesto a ceder.

Estos creyentes creían que eran espirituales y maduros pero la verdad es que no se puede ser espiritual y estar dividido al mismo tiempo. El motivo por el cuál discutían era por sus preferencias de liderazgo. Algunos querían a Pablo, otros a Apolos. Los que decían ser discípulos de Pablo, no querían sujetarse al liderazgo de Apolos y los que decían ser de Apolos, no querían a Pablo como líder espiritual. Ellos estaban dejándose llevar por sus preferencias personales en lugar de buscar la voluntad de Dios para sus vidas y su iglesia.

A veces la tendencia de los cristianos es a pasar por alto estos pecados a los que consideramos "pequeños" como son los celos, la envidia, la lucha de poder, y otros que causan grave daño a la hermandad entre los cristianos. Pablo señala aquí lo grave de la conducta de estos hermanos, quienes habiendo nacido de nuevo seguían viviendo y pensando como los que no son hijos e hijas de Dios.

Aunque ellos se consideraban espirituales, su forma de pensar y su modo de actuar demostraban lo contrario. Cuando damos lugar en nuestra vida a reacciones temperamentales, orgullo, envidia, divisiones, palabras duras e hirientes, falta de perdón, hablar mal de alguien a sus espaldas, falta de bondad, falta de interés por ayudar a otros, etc.; lo que estamos mostrando son los frutos de la carne y la carne solo produce pecado. La carne es egoísta y orgullosa, no genera amabilidad. La carne es todo lo opuesto al amor que es fruto del Espíritu.

···o **Pida a los alumnos que completen la actividad 3.**

El cristiano carnal trata de vivir como los espirituales pero fracasa. Se esfuerza por ser bondadoso, por ser humilde, por servir, pero aunque lo logra en ocasiones, no puede dar este fruto permanentemente en su vida. Esto es debido a que el amor santo de Dios no fluye naturalmente de su ser y no lo hará hasta que el Espíritu Santo llene a esta persona por completo. Solamente el Espíritu le puede impartir el poder para caminar en amor como Cristo.

Es una tragedia cuando en una iglesia la mayoría de las personas son carnales. La iglesia entera se vuelve egoísta, fría, sin interés por los pecadores, no cuidan los unos de los otros, buscan el placer, su mayor prioridad es hacer dinero y obtener bienes materiales, etc. Una iglesia carnal es la campaña más efectiva de Satanás para desprestigiar a Cristo, pues estos creyentes niegan con sus actos el poder de Cristo para restaurar las vidas de las personas y llevarlas a vivir en amor y pureza.

4. LA CARNE PUEDE COEXISTIR CON LOS DONES ESPIRITUALES

Los dones espirituales son habilidades especiales dadas por Dios a sus hijos cuando son salvos y adoptados en su familia. Estos dones son los que permiten que cada cristiano pueda contribuir al ministerio de la iglesia y servir al mundo como Cristo.

No debemos ignorar que los cristianos carnales también han recibido dones espirituales. Sin embargo, debemos hacer la diferencia entre dones espirituales y el fruto del Espíritu, que es la capacidad de amar a Dios y a nuestros semejantes de todo corazón. Entre los corintios había dones maravillosos, tal es así que Pablo dice: *"Gracias doy a mi Dios siempre por vosotros, por la gracia de Dios que os fue dada en Cristo Jesús; porque en todas las cosas fuisteis enriquecidos en él, en toda palabra y en toda ciencia;..."* (1 Corintios 1:4-5).

En la segunda carta habla de los muchos dones que ellos tenían, aunque les gustaban los dones espectaculares que los hacían destacar en el grupo. Al mismo tiempo el apóstol dice que no se preocupaban de la misma manera en cultivar el fruto del Espíritu: amor, gozo, paz, paciencia, benignidad, bondad, fe, mansedumbre y templanza.

Lamentablemente en la iglesia contemporánea muchos cristianos carnales llegan a ocupar lugares de liderazgo, esto es porque vivimos en un mundo donde lo que se valora es la imagen. La imagen es lo que una persona proyecta de sí misma y lo que la gente percibe. La gente frecuentemente confunde esa imagen con lo que en realidad la persona es. De manera que cuando se busca un líder por lo general escogemos al que habla bien, canta bien, es simpático, tiene buena educación, tiene buena presencia, es responsable, entre otras cualidades que saltan a la vista. Todas estas cosas son importantes, pero para escoger un líder espiritual debemos buscar una persona que no sea carnal, porque como vimos en estos pasajes, un creyente carnal no es apto para ser líder espiritual de otros. Las capacidades, buena educación y talentos nunca podrán reemplazar al poder del amor santo de Dios.

5. ¿CÓMO HALLAR LA SALIDA?

||| Lean juntos Romanos 7: 22-25. |||

Debemos mencionar que en los capítulos 5, 6, 7 y 8 de Romanos Pablo relata la búsqueda del ser humano para llegar a vivir la vida espiritual en compañerismo con Dios. El apóstol para darse a explicar mejor escribe en primera persona, o sea, actúa el papel de una persona que va de la vida natural a la vida espiritual.

En este capítulo 7 describe la lucha interior del creyente carnal (los dos leones de nuestra lección anterior), y concluye con estas palabras de desesperación: *"¡Miserable hombre de mí! ¿Quién me librará de este cuerpo de muerte?"* Este es el grito desesperado de una persona que ha tratado por sus propias fuerzas vivir la vida de Cristo y se siente miserable, fracasado, derrotado. Esta es una experiencia dolorosa pero necesaria.

El creyente carnal necesita "tocar fondo", pues es la única forma de que esté plenamente convencido de lo malo de su carnalidad. Hasta que no esté completamente seguro de que en su interior reside una fuerza de maldad que se opone a la voluntad de Dios para su vida, no pedirá ayuda de Dios. El Espíritu Santo trabaja en la vida del creyente para llevarlo a este punto. Nos hace ver como en un espejo lo horrorosa que es la maldad que se aloja en nuestro ser.

De la misma manera que el pecador arrepentido busca a Cristo para ser librado de sus pecados, el creyente tiene que arribar a la certeza de su maldad y experimentar un estado de desesperación para llegar finalmente al punto de reconocer que nunca podrá ser como Cristo si lucha en sus propias fuerzas o con su propia inteligencia.

En la próxima lección vamos a ver que la única solución para salir de la carnalidad es renunciar por completo a ella. No hay otra forma de comenzar a vivir en el Espíritu.

▌▌▌ Anime a los alumnos a reflexionar en esta semana en las lecturas bíblicas sugeridas y a prepararse en oración para hacer una entrega total y completa de su ser a Jesucristo. ▌▌▌

Definición de términos claves

- **Discernir:** Distinguir algo de otra cosa, señalando la diferencia que hay entre ellas. Comúnmente se refiere a poder distinguir entre lo bueno y lo malo.

- **Dones espirituales:** Habilidad o capacidad recibida de Dios por medio del Espíritu Santo para realizar algún servicio cristiano. Por ejemplo: enseñanza, proveer para las necesidades de otros, orar por los enfermos, entre otros.

- **Fruto del Espíritu:** Se refiere a los resultados que produce la obra del Espíritu Santo en la vida del cristiano y que se mencionan en Gálatas 5:22-23.

Resumen

La vida del creyente carnal no es lo normal que Dios quiere para sus Hijos. Cristo murió en la cruz para hacernos totalmente libres del poder del pecado. El creyente que se mantiene obstinadamente viviendo en la carne desobedece a Dios y no es apto para asumir responsabilidades de ministerio en la iglesia. El Espíritu Santo trata de llevar al creyente carnal a un convencimiento de la pecaminosa fuerza de maldad que lo habita, para traerlo al punto de reconocer que es impotente para vivir la vida de Cristo por sus propios medios y que sólo renunciando por completo a esa fuerza de pecado puede recibir la plenitud del Espíritu Santo de Dios.

Hoja de Actividades

ACTIVIDAD 1
¿Cómo es la vida de un creyente carnal? Escoja la opción correcta.

a. La relación con Dios del creyente carnal es como…

__ amigos

__ conocidos

__ marido y mujer

b. Para el creyente carnal Dios es…

__ un líder poderoso y muy ocupado

__ un padre cariñoso

__ una fuerza cósmica

c. Sus oraciones se parecen a …

__ una lista de compras

__ una charla de amigos

__ un ruego desesperado

d. Lo que le gusta de la iglesia es

__ los amigos

__ la enseñanza

__ los contactos de negocios

e. Piensa que se le dió la vida para…

__ disfrutarla

__ servir a otros

__ glorificar a Dios

f. En cuando a lo que hace con su vida el o ella sigue la siguiente regla…

__ consulta a Dios

__ hace lo que quiere

__ se basa en la Palabra

g. Sus logros en la vida se deben a…

___ la provisión de Dios

___ la oración de su abuela

___ su talento natural

ACTIVIDAD 2
IEn grupos de 3 a 4 integrantes examine las siguientes comparaciones y luego respondan a las preguntas abajo.

Sí la iglesia local fuera un equipo de fútbol los cristianos carnales serían los que marcan los goles en contra.
Si la iglesia local fuera un quirófano los creyentes carnales serían los que no se lavan las manos.
Si la iglesia local fuera un campo de trigo, los creyentes carnales serían la mala hierba que contamina los cultivos.
Si la iglesia local fuera un ejército, los creyentes carnales serían los soldados indisciplinados.
Si la iglesia local fuera una empresa de camiones de carga, los creyentes carnales serían aquellos que producen pérdidas a los intereses de la compañía.
Si la iglesia local fuera una escuela, los cristianos carnales serían los alumnos reprobados.
Si la iglesia local fuera una agencia de noticias, los creyentes carnales serían los que se ocuparían de las secciones de noticias negativas, chismes, y de promocionar entretenimientos mundanos.
Si la iglesia local fuera un concurso de belleza, los creyentes carnales no pasarían el examen de admisión.
Si la iglesia local fuera un museo de obras de arte, los creyentes carnales serían como esos cuadros donde la firma del autor apenas se puede ver, con dificultad.
Si la iglesia local fuera una biblioteca, los creyentes carnales se clasificarían DC (demasiado corriente).
Si la iglesia local fuera una empresa de productos alimenticios, los cristianos carnales no pasarían el control de calidad.

a) ¿Les parece que algunas de ellas son exageradas? ¿Por qué?

_____

_____

b) ¿Pueden hacer una lista de cosas buenas acerca de los cristianos carnales? Por ejemplo: ¿Cómo contribuye un cristiano carnal para la propagación del evangelio?

_____

_____

_____

_____

c) Compartan ejemplos de excusas que ponen los cristianos para continuar pecando, como ser la falta de perdón, la avaricia, el enojo; la falta de compromiso con la obra del la iglesia, entre otros.

_____

_____

_____

ACTIVIDAD 3

En la columna de la izquierda se incluye una lista de los frutos del amor que Pablo menciona en 1 Corintios 13, como las cualidades distintivas de la vida del cristiano espiritual. Como vimos la vida en la carne es lo opuesto a la vida en el Espíritu. Estos se incluyen en la lista de la derecha. Señala en ambas listas cuáles son las conductas más frecuentes en tu vida actualmente.

	Evidencias de madurez espiritual		Evidencias de la inmadurez carnal	
	Tiene paciencia en todo.		Es impaciente.	
	Siempre es amable, atento, afectuoso.		Es descortés, trata con dureza a la gente.	
	No es envidioso.		Tiene envidia.	
	No se cree más que otros.		Soberbio, altanero, vanidoso.	
	Humilde.		Orgulloso.	
	Gentil, educado, respetuoso.		Grosero, mal educado, irrespetuoso.	
	Generoso, dadivoso.		Egoísta, se pone primero que los demás.	
	No se enoja por cualquier cosa.		Se enoja con facilidad.	
	Perdona y olvida las ofensas.		Se pasa la vida recordando lo malo que otros han hecho.	
	Aplaude a los que hablan con verdad.		Aplaude a los malvados.	
	Espera lo mejor de la gente y de Dios.		Desconfía de la gente y de Dios.	

Si tiene la mayoría de las marcas en la segunda columna necesita ser libre del dominio de la carne en su vida. Si tiene sólo algunas, igualmente necesita crecer en esas áreas específicas.

LECTURAS RECOMENDADAS

- Hechos 5:1-11
- Filipenses 3
- 1 Juan 2: 7-17
- Gálatas 5
- Gálatas 6

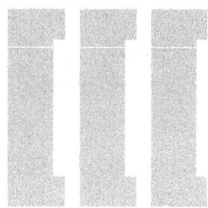

¿Cómo recibir la llenura del Espíritu?
LECCIÓN 9

Objetivos de la lección

Que el alumno...

- Conozca en qué consiste la vida de amor santo a la cuál Dios quiere llevarnos.
- Comprenda que solo renunciando al autogobierno y la auto-idolatría puede ser lleno del Espíritu Santo.
- Sea incentivado a orar para ser lleno del Espíritu.

Recursos

- Dos lapiceros u otro regalito para obsequiar a los ganadores.
- Un frasco grande (gigante) y transparente.
- Una piedra grande y otras piedras menores de diferentes tamaños.
- Arena.
- Una jarra o botella con agua.
- Practique esta demostración antes de hacerla en clase: Ponga primero en el interior del frasco la piedra grande, luego acomode las otras piedras, de las más grandes a las más pequeñas hasta llenar el frasco. Luego agregue arena hasta el borde. Esto es porque en la clase usted llevará el frasco lleno con estos elementos, lo vaciará y pedirá a los alumnos que vuelvan a meter todos los elementos. Es importante que no diga el secreto de poner las piedras grandes primero y deje que los alumnos intenten algunas veces a ver si logran alcanzar el objetivo de poner todos los elementos.

Introducción]]]

]]] Comience la clase mostrando el frasco lleno y diga lo siguiente: La vida del creyente lleno del Espíritu se parece mucho a este frasco. Dios quiere llenarnos hasta el borde con su Espíritu, es una llenura del cien por ciento de su amor y su pureza. Pero para que Dios pueda llenarnos tenemos que vaciarnos primero (vacíe el contenido del frasco en una bandeja).

En esta clase vamos a hablar de cómo ocurre este proceso de ser llenados del Espíritu Santo, y para ello voy a solicitar dos voluntarios para que vuelvan a meter todos estos materiales dentro del frasco. Ubique a los voluntarios en un lugar visible para que los alumnos puedan verlos mientras trabajan. Las instrucciones serán: poner todo en el frasco en 1 minuto de tiempo, una sola oportunidad y no debe sobrar nada. Si lo logran se llevan el premio.

Sin embargo, es probable es que fracasen. Agradezca a los voluntarios y señale el frasco mientras pregunta a la clase: ¿Por qué no pudieron poner todos los ingredientes en el frasco?

Escuche las respuestas y luego diga: ¿Creen que lo habrían logrado si les hubiera demostrado cómo hacerlo? Vamos a ver cuál es el secreto mientras estudiamos en la Palabra qué es los que debemos hacer para que Dios pueda llenarnos por completo de su Espíritu y darnos todas esas bendiciones que tiene reservadas para nosotros.

Si lo logran poniendo las piedras grandes primero, felicítelos y entregue el premio. Luego diga que ellos hicieron lo correcto pusieron lo más grande, la piedra más importante primero. Como veremos en esta lección, para ser llenos del Espíritu Santo debemos dar a Dios el lugar de importancia que merece en nuestra vida.]]]

Estudio Bíblico]]]

1. ¿DESEAS CON TODO EL CORAZÓN SER SANTO COMO ÉL ES SANTO?

El primer paso para preparar nuestra vida es estar seguros de que deseamos esta experiencia.

¿En qué consiste esta experiencia? Las Escrituras hablan de la santidad de muchas formas diferentes. Por ejemplo se describe la santidad como:

- Una entrega completa de todo nuestro ser a Dios o consagración.

- Ser santificado, es decir, capacitado por Dios para vivir en pureza.

- Ser lleno del Espíritu.

- La segunda obra de gracia.
- Ser hechos perfectos en amor.
- La perfección cristiana.
- El bautismo del Espíritu Santo.
- La entera santificación.
- Morir a uno mismo.
- Una vida y un corazón puro.
- Ser semejante a Cristo.
- Vivir en pureza como Cristo.
- Ser restaurado a la imagen de Cristo.

○ **Pida a los alumnos que completen la actividad 1.**

Todas estas formas de describir la santidad pueden confundirnos, pero en realidad el propósito de Dios es mostrarnos de muchas maneras una misma verdad para que podamos comprenderla mejor. Hay dos aspectos que son centrales sobre la vida de santidad, que nos ayudarán a comprender mejor esta experiencia:

Dios nos llena de su amor santo

¿De qué nos llena Dios? Cuando la Biblia dice que Dios no llena de su santidad, lo que significa es que Dios nos da de su propia naturaleza y la naturaleza de Dios es amor.

Cuando Dios nos llena de su Espíritu, nos llena de amor, pero no es alguna clase de amor que los seres humanos hayamos practicado, este amor es el mismo amor que une a las tres personas de la Santa Trinidad. Es el amor con que el Padre ama al Hijo, el amor del Hijo por el Padre y el Espíritu y el amor del Espíritu por el Padre y el Hijo. Por eso podemos decir con seguridad que la vida de Dios es amor. Dios vive para amar y no puede hacer otra cosa que amar. Todo lo que Él ha hecho, todas sus decisiones, todas sus leyes, están profundamente arraigadas en Su amor.

Dios nos salva para llenarnos de este amor divino, y luego se ofrece a guiarnos de la mano para aprender a vivir esta vida de amor, a vivir llenos de Su amor.

[[[Pida a un alumno que lea 2 Pedro 1:4 en voz alta.]]]

○ **Luego pida a la clase que complete la actividad 2.**

[[[Luego de completar la actividad permita que compartan libremente sobre ¿qué es la vida de santidad?]]]

Dios nos ha prometido capacitarnos para amar perfectamente a Dios y a nuestros semejantes. De esta manera cada cristiano tiene el privilegio, que sólo un hijo o hija de Dios puede tener, de ser partícipe de la naturaleza divina. Cuando Dios nos llena de Su amor, nos llena de Su misma esencia.

Cuando somos llenos del Espíritu no hay lugar para el pecado. El amor a Dios nos impulsa a amar lo que Él ama y a aborrecer lo que Él odia. El resultado es una vida de pureza, alejados de todo lo mundano para entregarnos a servir a Dios con nuestras vidas.

········○ **Indique a la clase que completen la actividad 3. En ella se incluye un test para que puedan evaluar si realmente desean esta experiencia con todo su ser.**

2. HAY QUE VACIARSE

En segundo lugar, debemos estar dispuestos a rendir nuestra vida totalmente y para siempre a Jesucristo. Para ser llenos del Espíritu debemos vaciarnos primero.

[[[Vacíe el frasco mientras habla.]]]

Cuando somos salvos el Espíritu Santo viene a vivir a nuestra vida, pero el amor de Dios no puede llenarnos por completo porque en nuestro interior permanece el amor egoísta. Este amor egoísta es el pecado heredado por toda la raza de nuestros primeros padres. Este amor nos impulsa a amar al mundo y al pecado, nos lleva a poner nuestra voluntad por encima de todos los demás, a amarnos por encima de todos los demás, incluyendo a Dios.

Juan Wesley enseñaba que ningún cristiano está listo para ser lleno del amor perfecto de Dios hasta que no esté libre de todo pecado por dentro y por fuera. Hasta que el pecado no sea expulsado, el amor de Dios no puede ocupar toda la capacidad de nuestro ser.

¿Cómo vaciarse de esta manera? Hay tres pasos muy importantes que debes hacer antes de que Dios pueda llenarte de Su amor santo.

Renuncia al autogobierno

Cuando nosotros comenzamos la vida cristiana aceptamos a Cristo como nuestro Señor y Salvador. Reconocer que Cristo es nuestro Señor por voluntad del Padre, es una cosa, pero hacer los cambios en nuestra vida para que Cristo pueda ser realmente rey, es otra.

Si queremos ser llenos del Espíritu Santo tenemos que estar dispuestos a vivir en el Reino de Dios. El Reino de Dios no es como nuestros gobiernos democráticos en que elegimos a nuestros gobernantes y luego podemos estar o no de acuerdo con ellos y hasta votarles en contra en las próximas elecciones.

En la vida del cristiano sólo hay una forma de gobierno que Dios ha establecido y es una teocracia. En ella Dios es el soberano absoluto al que sus siervos obedecen por amor. Este rey gobierna en amor, rige en amor y las personas eligen estar en su reino por voluntad propia. Sus súbditos ordenan su vida de acuerdo a la voluntad de Dios, no por temor al castigo, sino porque están convencidos de que Su voluntad es perfecta para sus vidas.

No debemos tener temor de no poder llegar a vivir la vida de pureza que vivió Jesús, pues nada de esto lo conseguiremos por nuestro esfuerzo personal. Por eso tenemos que renunciar a llevar el control de nuestra vida y abandonarnos por completo a nuestro Dios. Cuando el Espíritu Santo llena nuestra vida nos capacita para amar a Dios y amar su voluntad. De manera que Dios no sólo nos pide que vivamos como Jesús en obediencia perfecta a Su voluntad, sino que también nos da el "poder" de amor que permite que podamos hacerlo.

El autogobierno es cuando nosotros mismos llevamos el control de nuestra vida. Cuando esto ocurre, no podemos amar a Dios y a otros en un ciento por ciento.

Renuncia a la auto idolatría

La idolatría es rendirse o entregarse a cualquier cosa y darle a ello los honores y el lugar que sólo nuestro Creador merece; puede ser un ángel, una imagen, un familiar, un vicio, un deporte, una religión, … y sobre todo nosotros mismos.

La auto idolatría es rendir culto o adoración a uno mismo, en lugar de dársela a Dios. Nosotros nacimos con la tendencia pecaminosa de amarnos a nosotros mismos por encima de todo los demás. Dios merece tener el primer lugar de nuestra vida, Él merece ser nuestro primer y gran amor, aquel que está por encima de cualquier otra cosa o persona.

Ese dios que somos nosotros siempre estará intentando llevarnos a hacer su voluntad y como está acostumbrado a desoír la voz de Dios, tenemos que sacarlo del lugar de importancia que se ha dado, humillarlo y sujetarlo al Espíritu Santo.

Tienes que morir

⦀ Pida a un voluntario que lea Marcos 8:34. ⦀

Cuando Jesús nos hace esta demanda, está pidiendo que hagamos por Él lo mismo que Él ya hizo por nosotros, cuando entregó su vida en la cruz para morir por nuestros pecados.

⦀ Lea Filipenses 2:5-8 y pregunte ¿Qué hizo Cristo por amor a nosotros? ⦀

Tomar la cruz significa renunciar a nuestra propia vida, morir a nosotros mismos. Morir a sí mismo significa renunciar al autogobierno y renunciar a la auto idolatría. Al morir a nosotros mismos renunciamos a todo lo nuestro que se opone a Dios, como ser, la forma de pensar incorrecta, las malas actitudes y los malos deseos. Los apóstoles pudieron ser llenos del Espíritu porque estuvieron dispuestos a morir a sí mismos. Veamos el testimonio de Pablo.

⦀ Pida a otro alumno que lea Gálatas 2:20. ⦀

La única manera de vivir la vida de Cristo es dejar de vivir en nosotros. Dejar de apoyarnos en nuestro orgullo, en nuestras capacidades, en nuestra experiencia, en nuestro nombre, para rendirnos por completo a la dirección de Dios, de la misma manera que un ciego se deja guiar por su perro lazarillo.

Cuando Dios nos llena con su Espíritu de amor la vida de Cristo se funde con la nuestra. En el momento de la entrega, hacemos un pacto con Dios y Él lo firma llenándonos con su Espíritu. Ya no nos gobernamos solos, sino que nuestro espíritu dialoga con el Espíritu. A partir de allí tomaremos las mejores decisiones para nuestra vida, para nuestra iglesia, para nuestra familia, porque dejaremos que el Espíritu de amor nos dirija y nos aconseje.

3. UNA ENTREGA TOTAL DEL CIEN POR CIENTO

○ Inicie esta sección con la actividad 4.

Luego pida a un voluntario que lea Romanos 12:1-2.

En este pasaje el Apóstol Pablo ruega a los hermanos de la iglesia en Roma que hagan esta entrega de todo su ser al Señor, presentando sus cuerpos como sacrificio vivo, santo, agradable a Dios. Veamos qué agrega esta descripción de Pablo a nuestra comprensión de la entrega que Dios requiere de nosotros.

Presentarse como sacrificio vivo

En la antigüedad en muchas religiones se practicaban rituales de sacrificio. Estos consistían en entregar a sus dioses un animal o algún otro tipo de ofrenda la cuál era quemada en un altar. En el caso del pueblo de Israel, ellos acostumbraban dar ofrendas a Dios para demostrar su gratitud por algo que Dios les había concedido o cómo muestra de arrepentimiento. Dios mismo estableció estos sacrificios en el pueblo de Israel para que cuando Jesucristo fuera enviado, ellos pudieran reconocerle como el cordero perfecto que quita el pecado del mundo (Juan 1:29). Estos sacrificios de animales consistían en entregar el animal vivo para que el sacerdote lo matara (cortando la vena yugular para que el animal se desangrara) y quemara el cuerpo sobre el altar del templo.

Pero hay una gran diferencia en el sacrificio del que nos habla Pablo. No se trata de entregar un cuerpo muerto, sino de entregarnos como ofrenda viva para seguir viviendo para Dios. Este no es un sacrificio para obtener perdón de Dios sino un sacrificio de alabanza. Nosotros le damos nuestra vida a Dios para que Él pueda formar en nosotros la vida de Cristo y así glorificarse a sí mismo, mostrando su amor al mundo.

No conformarse a este siglo

Los hijos de Dios no pertenecemos a este mundo, pertenecemos al reino de Dios. Este reino habita en el corazón de cada uno de sus hijos e hijas. Sin embargo, la tentación constante del cristiano es la de adaptarse al pecado que domina en la gente de nuestro contexto. Esta es una costumbre que muchos cristianos tienen y aún los líderes de muchas iglesias, quienes acomodan su vida y acomodan la Palabra de Dios de manera de tener excusa para vivir a la manera pecaminosa del mundo.

Para muchos cristianos la línea entre lo bueno y lo malo es borrosa. Si se les pregunta ¿Qué opina sobre el aborto? ¿Qué dice la Biblia de la homosexualidad? ¿Es excusable mentir a veces? ¿Está bien dejar brotar mi enojo y dañar a los demás con mis palabras? no siempre tendrá una respuesta satisfactoria.

La manera de vivir de la gente no cristiana, no representa un modelo para el cristiano que quiere vivir la vida de Cristo.

Transformaos por medio de la renovación de vuestro entendimiento

Esta palabra que usa Pablo para describir el cambio que el Espíritu produce en la vida de los hijos e hijas de Dios es "metamorfosis". Es la misma palabra que se usa en Mateo 17:2 para describir la transfiguración de Cristo (también en Marcos 9:2). Esta es una palabra que se usa mucho en la ciencia para describir el cambio total y completo que es parte del proceso de crecimiento de muchas criaturas vivientes. Por ejemplo, la oruga que teje un capullo donde se encierra durante un tiempo y luego sigue su existencia como mariposa.

Lo que expresa aquí el apóstol, es que el Espíritu trae a la vida del creyente un cambio radical en la forma de pensar, es un giro de 180 grados mediante el cuál desea tener la mente de Cristo y permite el acceso al Espíritu Santo para que vaya transformándole paso a paso, día con día, haciéndole más y más semejante a nuestro Señor.

El cambiar la forma de pensar es indispensable para cambiar la forma de sentir y de vivir.

4. El Espíritu Santo se recibe por fe

La llenura del Espíritu se recibe por la fe, de la misma manera que se recibe la salvación. Hay cristianos que pasan días ayunando y orando, pensando que de esta manera convencerán a Dios de que ellos merecen ser llenos de su Espíritu. Ayunar y orar no está mal pero el propósito fundamental de estas disciplinas debería ser someter nuestra voluntad y examinarnos a nosotros mismos con el fin de estar preparados para recibir esta experiencia.

Dios no espera que sus hijos e hijas le rueguen que les llene con su Espíritu, ¡El desea hacerlo y está listo para llenarlos con Su Amor cuando ellos se lo pidan!

Veamos esta comparación, si hacemos un cheque de nuestra cuenta de banco y queremos hacerlo efectivo, ¿que hacemos? ¿Vamos al cajero del banco y nos ponemos de rodillas suplicándole que nos dé el dinero? No, porque no es necesario. Nosotros tenemos dinero en ese banco y sabemos que cuando lo necesitemos ellos nos lo darán. Esta experiencia es semejante a un cheque que podemos cobrar en cualquier momento… ¡Dios tiene un banco lleno de riquezas espirituales y están allí para que nosotros las hagamos efectivas en nuestra vida!

Algunos cristianos pasan mucho tiempo esperando por esta experiencia del Espíritu porque están confundidos y lo que buscan es alguna manifestación de tipo emocional, una señal o un ángel que baje del cielo y les diga que ya fue hecho. Pero esto no ocurrirá, porque la llenura del amor de Dios se recibe por la fe. Es tan simple como cuando fuímos salvos. De la misma manera que Dios nos llamó a la salvación ahora nos llama a ser llenos del Espíritu.

▌▌▌ Pida a un alumno que lea 1 Pedro 1:2-5. ▌▌▌

El apóstol Pedro dice que somos *"elegidos según la presciencia de Dios Padre"*, lo que significa que la voluntad de Dios para quienes salvó, es que sean santificados por completo. En su sabiduría Dios ha trazado un plan perfecto para restaurarnos completamente del pecado y llevarnos a vivir en pureza de amor.

Luego dice que: *"nos hizo renacer para una esperanza viva"*. Esto significa que por medio del sacrificio de Cristo en la cruz, Dios nos ha regalado una nueva vida para que comencemos a vivirla en esta tierra, libres de la corrupción del pecado. Para el cristiano la vida eterna comienza cuando recibe a Cristo como Salvador.

Tanto la salvación, como la llenura del Espíritu y la vida de crecimiento que continúa, es el camino que Dios ha elegido y diseñado para cada uno de sus hijos e hijas. De manera que no hay lugar para dudar de que Dios quiere llenarnos con su Espíritu. Lo que sí debemos asegurarnos es de preparar nuestro corazón para que pueda ser llenado.

||| Tome ahora el frasco vacío y diga: Para que Dios pueda llenarnos por completo con su Espíritu de amor, tenemos que seguir el orden correcto, primero vaciamos nuestra vida, renunciando a todas las formas de pecado que nos han llevado a una vida de autogobierno y auto-idolatría. Ponga primero la piedra grande y diga: lo primero que Dios va a darnos es su Espíritu Santo. Este ocupará el lugar principal en nuestra vida. Acomode las otras piedras -de las más grandes a las más pequeñas- y diga: El Espíritu Santo trae consigo el amor perfecto de Dios que llenará nuestra vida de buenas intenciones, buenos pensamientos, buenas actitudes, buenas obras,... o sea nos guiará para hacer todos los cambios que sean necesarios para reproducir en nosotros la vida de Cristo. Finalmente agregue la arena hasta llenar el frasco hasta el borde, y diga: este amor de Dios dará frutos maravillosos e incontables como los granitos de esta arena que estamos echando. Por medio de estos frutos la gente podrá ver y experimentar el amor de Cristo. Nosotros perderemos la cuenta porque dar amor será lo natural que brote de nuestra vida. Lo importante no es contar la arena, sino ver lo hermosa que se ve extendida en la playa proveyendo reposo a los que están cansados. **|||**

||| Pida a un alumno que lea Juan 7:37-39 y pregunte a la clase ¿Cuál es el agua viva que Jesús prometió dar a todo el que se la pide? Termine llenando el frasco con agua y diga: El Espíritu Santo es el agua de vida prometida por Jesús a cada uno de sus hijos e hijas. Hasta que no seamos llenos por completo de Él, no podremos experimentar lo que es estar realmente vivo. Estar vivo para Dios es ser completamente libre del pecado, para amar como Dios nos ama y esto sólo podremos hacerlo cuando el Espíritu nos llene por completo. ¿Quieres tener esta vida de Dios corriendo por tu ser y derramándose a todo el que te rodea? ¿Quieres ser lleno del Espíritu de Amor ahora? **|||**

o En la actividad 5 se incluye una guía para que pueda guiar a los alumnos a orar para pedir a Dios que les llene con su Espíritu de Amor. Si no hay tiempo en la clase anime a los alumnos a tomar un tiempo especial en la semana y hacer esta oración para ser llenos del Espíritu.

Definición de términos claves

- **Consagración:** Acto de dedicar algo al servicio de Dios exclusivamente. Puede ser la vida de una persona, su tiempo, sus bienes u otros.

- **Santo, puro:** Un cristiano santo o puro es aquel que ha sido lleno del Espíritu Santo. Por lo tanto, vive una vida cerca de Dios y lejos del pecado.

- **Santificado:** Una persona que ha sido llena del Espíritu Santo.

- **Segunda obra de gracia:** Después de la primera obra de gracia, la cual conocemos como salvación, viene otra experiencia llamada "segunda obra de gracia" o "entera santificación". La entera santificación es la gracia recibida de Dios cuando el creyente recibe por fe la llenura del Espíritu Santo, el cual le capacita para vivir una vida de pureza.

- **El bautismo del Espíritu Santo:** Segunda obra del Espíritu Santo en el corazón humano, un tiempo después de la conversión, la cual resulta en la pureza de corazón y en el poder para el servicio. Ocurre cuando una persona alcanza el punto de una total consagración o entrega a Dios. Este bautismo es el que ocurrió a los discípulos de Cristo el día de Pentecostés.

- **Juan Wesley:** Pastor anglicano del Siglo XVIII, fundador del Metodismo, quien redescubrió en la Biblia que la voluntad de Dios para sus hijos es que vivan una vida de amor y pureza, llenos del Espíritu Santo. Esta doctrina conocida como wesleyana es la que siguen las iglesias de santidad, como la Iglesia del Nazareno.

Resumen

La voluntad de Dios para la vida de sus hijos e hijas es que puedan amar de la misma manera que Él los ama, sin ningún tipo de interés egoísta. Este amor perfecto es el que une a las tres personas de la Santa Trinidad y es el que llevó al Padre a dar a su Hijo único, Jesucristo, para que diera su vida por nuestra salvación. Si no poseemos el amor de Dios no podemos servir a este mundo como Cristo lo hizo.

Para que Dios pueda llenarnos de Su amor, primero debemos renunciar al egoísmo que reside en nuestro ser interior y que lucha en contra de la voluntad de Dios para nuestra vida. Este pecado no permite que Dios sea realmente el rey de nuestra vida y nos impide amar a Dios con todo nuestro ser. Para ser lleno del Espíritu de amor hay que morir a nosotros mismos.

La llenura del Espíritu se recibe con una oración de fe. A partir de allí, por medio de la relación continua con Dios, Él nos va transformando y nos enseña a vivir y amar como Jesús.

ACTIVIDAD 1

¿De las siguientes formas en que se describe la vida santa en la Biblia, cuáles no había escuchado hasta ahora o tiene dudas acerca de lo que significa? Márquelas con una X. (Al final de la clase si aún tiene preguntas sobre alguna de ellas puedes pedir más explicación a su maestro/a).

___ Una entrega completa de todo nuestro ser a Dios o consagración.

___ Ser santificado, es decir, capacitado por Dios para vivir en pureza.

___ Ser lleno del Espíritu.

___ La segunda obra de gracia.

___ Ser hechos perfectos en amor.

___ La perfección cristiana.

___ El bautismo del Espíritu Santo.

___ La entera santificación.

___ Morir a uno mismo.

___ Una vida y un corazón puro.

___ Ser semejante a Cristo.

___ Vivir en pureza como Cristo.

___ Ser restaurado a la imagen de Cristo.

ACTIVIDAD 2.

Lea atentamente lo que dice en 2 Pedro 1:3-4 y luego responda: ¿Qué es vivir en santidad?

"Dios utilizó su poder para darnos todo lo que necesitamos, y para que vivamos como él quiere. Dios nos dio todo eso cuando nos hizo conocer a Jesucristo. Por medio de él, nos eligió para que seamos parte de su reino maravilloso. Además, nos ha dado todas las cosas importantes y valiosas que nos prometió. Por medio de ellas, ustedes podrán ser como Dios y no como la gente pecadora de este mundo, porque los malos deseos de esa gente destruyen a los demás." (Traducción en Lenguaje Actual)

_____

_____

_____

_____

ACTIVIDAD 3.
¿Desea con todo su corazón ser lleno del Espíritu de amor? Responda a las siguientes preguntas con sí o no.

___ ¿Estoy cansado de luchar en la vida cristiana con mis propias fuerzas?

___ ¿Con frecuencia soy débil para controlar los pensamientos negativos que me hacen pensar mal de los hermanos y de mis líderes?

___ ¿Me cuesta cerrar la boca y hablar de otros para luego lamentarlo?

___ ¿Me gustaría tener más fe y confianza en Dios?

___ ¿Me gustaría orar con mayor convicción de que Dios responderá a mis ruegos?

___ ¿Estoy cansado/a de hacer las cosas en mis propias fuerzas en lugar de tener paciencia para esperar que Dios las haga?

___ ¿Me siento mal cuando a menudo muestro orgullo de mis capacidades y me creo mejor que otros?

___ ¿Me gustaría amar a los otros como son en lugar de buscar siempre sus defectos?

___ ¿Me cuesta poner a Dios en primer lugar en mi vida, aunque sé que es lo mejor?

___ ¿Me gustaría no tener problemas para dar el diezmo y ofrendar?

___ ¿Me gustaría no poner excusas para dar de mi tiempo al ministerio de la iglesia?

___ ¿Estoy cansado de la lucha en mi interior rebelándose contra lo que sé que es lo correcto?

___ ¿Me gustaría ser más conocido por mi amabilidad que por mi mal humor?

___ ¿A menudo tengo cambios de ánimo que me llevan a ser inconstante en mi vida espiritual?

___ ¿Me gustaría conocer más a Jesús y disfrutar de su compañerismo?

___ ¿Me gustaría que mi vida sea un instrumento para bendecir la vida de otras personas?

___ ¿Quiero que mi vida sea limpia de todo egoísmo que me separa de Dios?

Si la mayoría de sus respuestas es sí, entonces no demore en pedir a Dios que le llene con su Espíritu.

ACTIVIDAD 4.
Lea este trozo seleccionado del libro "La santidad para todo creyente" del autor Keith Drury y luego responda a las preguntas que se incluyen abajo.

"La mayoría de los cristianos, tarde o temprano, se dan cuenta de uno de estos problemas o de los dos: (1) una inclinación interior a desobedecer al Señor, que puede resultar en pecar, sobre todo en cometer pecados de actitud o de pensamiento; (2) una falta de poder y de motivación para hacer el trabajo de Dios en el mundo por causa de la tibieza, la indiferencia y la frialdad de corazón."

a. ¿Qué opina de lo que dice este autor? ¿Ha tenido algún problema como estos en su vida?

_____

_____

b. Para este autor el problema es que Dios no es completamente Señor de la vida del cristiano, o sea que éste ha decidido ser su propio jefe, ¿Está de acuerdo?

_____

_____

c. ¿Cuál cree que es la solución a estos problemas? ¿Qué es lo que le falta a estos cristianos?

_____

_____

ACTIVIDAD 5.
Cuando ore para pedir a Dios que le llene con su Espíritu de amor siga los siguientes pasos:

1. Digale a Dios cuanto desea ser lleno de Su Espíritu y porqué.

2. Renuncie al auto gobierno y a la auto idolatría y pídale a Dios que le limpie de los deseos pecaminosos de la carne que se oponen a Su voluntad para su vida.

3. Confiese todo pecado que el Espíritu Santo traiga a su mente, por ejemplo: si ha ofendido a alguien, si no ha sido fiel a Dios en alguna cosa, etc.

4. Entregue toda tu vida al Señor: incluya su pasado, su presente y su futuro. Incluya sus capacidades, su experiencia y todo lo que considere de valor en su vida.

5. Pida al Señor que le llene con su Espíritu Santo y que inunde su vida con su amor y recíbalo por fe.

6. Agradezca a Dios por llenar su vida con Su Espíritu.

LECTURAS RECOMENDADAS

- Filipenses 1: 1:11
- Filipenses 1:12-30
- Filipenses 2:1-30
- Filipenses 3
- Filipenses 4

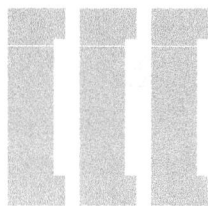

De Simón a Pedro. Cambios internos resultantes de la llenura del Espíritu
LECCIÓN 10

Objetivos de la lección

Que el alumno...

- Conozca la obra interior que ha hecho el Espíritu Santo en su vida cuando fue lleno del amor del Dios.

- Comprenda que la llenura del Espíritu es el inicio de una vida libre del dominio del pecado.

- Haga un compromiso de perseverar en esta experiencia de pureza, reafirmando su compromiso con Dios cada día.

Recursos

- Dos o tres aparatos que requieran baterías para funcionar, como por ejemplo, un radio o reproductor de música, una linterna, un reloj despertador u otros.

Introducción III

III Inicie la clase pidiendo a los alumnos que narren experiencias que vivieron en la semana en cuanto a su oración para recibir la llenura del Espíritu de amor. III

En esta lección hablaremos sobre los cambios internos que se producen en la vida de los cristianos cuando Dios los llena con su Espíritu de amor.

III Pida a un alumno que lea Mateo 14:22-33. Luego escriba en la pizarra: "De Simón a Pedro". III

Una de las transformaciones más asombrosas que nos narra la Biblia, sobre el cambio en la vida de un cristiano al recibir la llenura del Espíritu Santo, es la de Simón Pedro.

Juan y Andrés fueron los primeros discípulos en ser llamados por Jesús. Andrés era hermano de Simón y el mismo día fue y buscó a su hermano. Juan era hermano de Jacobo e hizo lo mismo que Andrés llevando a su hermano a Jesús. Este grupo de hermanos se conocían desde niños, eran de la misma ciudad y compartían una empresa de pesca. Simón era el líder de este equipo de pescadores.

¿Cómo era Simón? Simón era ansioso y ambicioso; era audaz, sincero y decidido. Frecuentemente sobresalía por su iniciativa, mientras los otros discípulos estaban todavía reflexionando en una pregunta, Simón lanzaba su respuesta.

A Simón le gustaba estar en el centro de la acción. Por eso en el medio de la tormenta -como narra Mateo- mientras los demás discípulos están aferrados a las bancas del bote, Simón se lanza a caminar en el agua sin pensarlo dos veces. Debemos reconocer que Simón era valiente. No debemos olvidar que ¡cuando Simón se hunde ya había llegado caminando hasta el centro del lago! En otras palabras, tuvo la valentía de llegar hasta allí, la cual ningún otro había tenido. También siguió a Jesús hasta el patio del sumo sacerdote junto a Juan. Los demás habían huido y él permaneció allí hasta que el gallo cantó.

A Simón le gustaba hablar, hablar y hablar. Era curioso y preguntón. En los evangelios hace más preguntas que todos los demás apóstoles juntos y si vemos los primeros capítulos del libro de Hechos -donde Juan y él son inseparables- Simón es el que habla siempre, Juan parecería que fuese mudo.

Obviamente, Simón no era perfecto. Una de sus debilidades era el hábito de hacer funcionar su boca antes que su cerebro. Simón era impetuoso, inconstante, poco digno de confianza, solía hacer grandes promesas que no podía cumplir. Era de aquellas personas que se meten en un proyecto ambicioso pero que se rinden antes de terminarlo. Era el primero en entrar y el primero en abandonar. Era la típica persona carnal de doble ánimo. Encaja muy bien con lo que dice Santiago 1:8 *"El hombre de doble ánimo es inconstante en todos sus caminos"*.

¿Cómo fue transformada la vida de este hombre en su caminar como discípulo de Jesús?

Estudio Bíblico

1. JESÚS LE CAMBIÓ EL NOMBRE

El nombre Simón era un nombre común y corriente. En los evangelios se mencionan al menos 7 personas diferentes de nombre Simón.

- Simón el Zelote era otro de los 12 (Mateo 10:4).
- Uno de los hermanos de Jesús (Mateo 13:55).
- El padre de Judas Iscariote (Juan 6:1).
- Simón el leproso, Jesús comió en su casa (Mateo 26:6).
- Un fariseo donde Jesús comió también (Lucas 7:36-40).
- El que cargó la cruz, Simón de Cirene (Mateo 27:32).

Su nombre completo era Simón, hijo de Jonás o "Juan" que a veces se traduce Jonás (Mateo 16:17; Juan 21:15-17). Excepto el nombre de sus padres no sabemos nada más de su familia.

█ Pida a un alumno que lea Juan 1:42 donde relata el primer encuentro de Simón con Jesús: "Y mirándole Jesús, dijo: Tú eres Simón, hijo de Jonás; tú serás llamado Cefas (que quiere decir Pedro)". Pedro era una especie de sobrenombre que significaba "roca" o "pedazo de roca" (en griego es Petros y en arameo Cefas). █

Jesús tuvo un propósito para cambiarle el nombre

Parece ser que Jesús le cambió el nombre para que recordara siempre lo que el debía llegar a ser. Este Simón impetuoso, agresivo e impaciente tenía que llegar a ser Pedro, una roca, en las manos de Jesús.

⬤·······························o Pida a los alumnos que completen la actividad 1.

Como estos ejemplos, Simón necesitaba creer que Jesús iba a transformarle en una Roca, es decir, alguien a quien se puede creer, alguien a quien se puede seguir.

Jesús le llama a veces Simón y a veces Pedro

Un aspecto muy interesante de Jesús como Maestro es ver la forma que usó para discipular a Simón. Jesús no sólo le dio un nombre nuevo sino que -a partir de entonces- a veces le llama Simón y a veces le llama Pedro. Cada vez que Pedro hacia algo que debía ser corregido le llama por su viejo nombre, Simón. Veremos algunos de estos casos en el siguiente punto.

2. EL VIEJO SIMÓN SE ASOMA

Simón el "sabelotodo"

En Lucas 5:5 dice: "Respondiendo Simón, le dijo: *Maestro, toda la noche hemos trabajado, y nada hemos pescado; más en tu palabra echaré la red.*"

¿Quién habla aquí? El viejo Simón, el pescador quien demuestra no creer que Jesús tenga la razón, probablemente pensó algo como esto: ¿Cómo el Señor va a saber más que él que fue pescador toda su vida? En esta oportunidad Simón demuestra no tener mucho ánimo de obedecer a Jesús, quizás se dijo a sí mismo: ¿Es que el Maestro no sabe lo cansados que estamos y lo frustrados que nos sentimos? ¿Acaso cree que hemos pasado la noche durmiendo? ¿Duda de que realmente hayamos hecho nuestro mejor esfuerzo, que lo hemos intentado todo sin resultado alguno?

Sin embargo, luego vemos en el versículo 8 a Simón reconociendo que Jesús es el Señor, y por ello sabe más que él y tiene control sobre la naturaleza. Lucas describe esta escena diciendo: *"viendo esto Simón Pedro, cayó de rodillas ante Jesús, diciendo: Apártate de mi, Señor, porque soy hombre pecador."*

El Espíritu Santo estaba permitiendo que la vieja naturaza carnal aflorara en Simón, para que él pudiera darse cuenta de que había una tendencia al pecado en su vida que debía ser limpiada, para que pudiera ser el Pedro que Jesús quería de él.

Simón el indisciplinado

Lucas relata uno de los fracasos más serios que tuvo que enfrentar Pedro en su carrera como discípulo: Traicionó a su maestro. Jesús le había advertido a Pedro que esto iba a ocurrir: como leemos en Lucas 22:31 *"Simón, Simón, he aquí Satanás os ha pedido para zarandearos como a trigo"*.

En el huerto de Getsemaní Pedro no pudo permanecer orando como Jesús le había pedido y se quedó dormido: Marcos escribe: *"Vino luego Jesús y los halló durmiendo; y dijo a Pedro: "Simón, ¿duermes? ¿No has podido velar una hora? Velad y orad, para que no entréis en tentación; el espíritu a la verdad está dispuesto, pero la carne es débil"* (Marcos 14:37-38).

Debe haber llegado el punto de que cada vez que Jesús le llamaba Simón, Pedro temblaba. En su interior deseaba que Jesús le llamara Roca. Pero Jesús sólo le llamó Roca cuando pensaba, hablaba y actuaba correctamente.

Simón el impaciente

La última vez que Jesús le llama Simón fue después de su resurrección.

▌▌▌ Asigne a dos alumnos para que lean Juan 21: 3 y Juan 21:15-19. ▌▌▌

Jesús les había pedido que fueran a Galilea donde él se encontraría con ellos. Sin embargo Simón se cansó de esperar, se sube al barco y se interna en el lago a pescar. Los demás discípulos le siguieron. Ellos pescaron toda la noche y no sacaron nada. En la mañana estaban agotados y a lo lejos ven a Jesús en la playa esperándoles con un suculento desayuno.

Luego de comer juntos, Jesús conversa con Pedro sobre su traición, en el patio del Sumo Sacerdote, mientras él era sometido al interrogatorio. Probablemente Simón estaba tratando de evitar esta confrontación. El había negado tres veces conocer o ser amigo de Jesús, pese a que antes había prometido delante de todo el grupo de discípulos que seguiría a Cristo hasta la muerte.

Jesús comprendía la naturaleza humana que luchaba en el interior de Pedro. Pedro era como muchos de nosotros, a veces actuaba en su naturaleza carnal o en las costumbres de su vida antes de ser cristiano y en otras ocasiones se comportaba como un verdadero hijo de Dios.

El evangelio de Juan dice que Jesús le hizo una misma pregunta tres veces: *"Simón hijo de Jonás, ¿me amas?"* Y tres veces Pedro respondió: *"Si Señor, tu sabes que te amo…."* ¿Qué le pidió Jesús que hiciera para demostrar su amor? Que pastoreara a otros creyentes, desde bebés espirituales (corderitos) hasta los ya maduros (corderos). Para cuidar y guiar a la gente en la vida cristiana Simón tenía que ser convertido en Pedro. Aquella fue la última vez que Jesús le llamó Simón.

La tarea principal para la cuál Dios nos capacita cuando nos llena con su Espíritu es para hacer discípulos, es decir, cuidar a otras personas mientras ocurre su desarrollo espiritual y enseñarles a vivir la vida de Cristo. Para esto es necesaria mucha paciencia y la paciencia es una de las capacidades que nos llegan como fruto del Espíritu.

Fue en este último encuentro con Jesús que Simón comprendió al fin que para poder servir a su Señor tenía que dejar que Jesucristo le transformara con el poder de su Espíritu.

3. Resultados de la llenura del Espíritu

⫾⫾⫾ Asigne dos alumnos que lean Hechos 1: 8 y 2:1-7. ⫾⫾⫾

A Jesús le llevó tres años y medio de discipulado, pero al fin Pedro había comprendido que no podía vivir la vida de Cristo en sus propias fuerzas. Como vemos en Hechos 1:8, Pedro obedeció a su Señor y esperó la promesa del Espíritu Santo. En el día de Pentecostés, unas semanas después de su último encuentro con Jesús, Simón fue lleno del Espíritu y su vida fue transformada.

Esta fue la primera ocasión en la historia en que el Espíritu Santo venía a permanecer en los corazones de los hijos de Dios. Jesús había sido lleno del Espíritu, y esto era posible porque en su vida no había pecado. Por otro lado, para que el Espíritu pudiera venir a vivir en los corazones de los discípulos algo tuvo que ocurrir primero: la muerte y resurrección de Jesucristo. Sólo así el pecado pudo ser limpiado de sus corazones. Como bien dice Hebreos 13:12: *"Por lo cuál también Jesús, para santificar al pueblo mediante su propia sangre, padeció fuera de la puerta."*

Los cambios en la vida de Pedro saltan a la vista. Fue él quien se levantó y con valentía predicó un tremendo sermón y 3,000 personas se convirtieron. Pedro nunca volvió atrás… Al fin lleno del Espíritu Santo, Pedro estuvo listo para servir a su Señor. ¿Cómo ocurrió esto? Esto fue posible porque alguien amó tanto a Pedro que invirtió su vida para que él pudiera ser trasformado.

Jesús prometió a sus discípulos que la llenura del Espíritu traería poder a sus vidas. Veamos algunos de los cambios evidentes que este poder del Espíritu de Dios trajo a la vida de Pedro:

El Espíritu Santo capacita la vida del creyente

La palabra griega que se traduce poder es "dunamin" que viene del verbo "dunamai" que significa ser capaz. Cuando Jesús les promete el Espíritu de poder, les está diciendo que Él les enviará una fuerza capacitadora para que ellos puedan emprender la difusión del evangelio en el mundo.

⫾⫾⫾ En este momento muestre los aparatos eléctricos y haga a la clase unas preguntas como estas mientras usted hace la demostración: ¿Estos aparatos que vemos aquí para qué fueron creados? ¿De dónde obtienen el poder, la energía para funcionar y cumplir con su propósito? ¿Funcionan si están cerca de la fuente de poder? (Mientras dice esto acerque las baterías). ¿Dónde debe estar instalada la fuente de energía para

que funcionen? ¿Tienen alguna utilidad si están desconectados de la fuente de poder? ¿Qué nos enseña esta ilustración sobre la vida cristiana? ||||

La única fuente de poder para el cristiano es el Espíritu Santo. El Espíritu Santo capacita a los creyentes con un poder sobrenatural que les infunde pureza, poder o valor y energía espiritual para ser testigos, para la oración, amor perfecto, abundancia de fruto, y reposo. Todos estos son requisitos indispensables para llevar adelante la misión encomendada por nuestro Señor de hacer discípulos suyos en todas las naciones. Veamos entonces brevemente en esta lección el poder para vivir en pureza, para dar testimonio y para la oración, que son evidentes en la experiencia y enseñanzas del apóstol Pedro. Dejaremos los otros resultados de la llenura del Espíritu para estudiarlos en la próxima lección.

Poder para vivir una vida santa

En 1 de Pedro 1:15-16 dice que el llamado de Dios a sus hijos es a ser santos como Él es santo. El poder del Espíritu llena nuestro corazón del amor santo de Dios, es un poder que nos capacita a crecer en amor. Este amor residiendo en nuestro interior nos identifica con el Dios de amor santo. Si amamos a Dios con todo nuestro ser, haremos todo lo posible para complacerlo y no desearemos más volver al pecado o hacer cualquier cosa que ofenda o traiga vergüenza a nuestro Padre. Es este poder de amor el que nos capacita para obedecer a Dios.

No debemos entender que la vida llena del Espíritu impide volver a pecar de alguna manera, sino que la vida del creyente santificado es una de limpieza continua.

El Espíritu Santo actúa en nosotros como un semáforo de tres luces, nos hace sentir paz cuando estamos haciendo lo que a Dios le agrada: esta es la luz verde. Nos inquieta cuando estamos en peligro de hacer algo pecaminoso: esta es la luz amarilla de advertencia y nos trae tristeza y dolor cuando hemos hecho algo fuera de la voluntad de Dios: esta es la luz roja que nos indica que debemos detenernos y reparar el daño.

El cristiano lleno del Espíritu percibe este poder interior que es un río del amor de Dios que fluye inagotable y se manifiesta en su vida.

○ **Pida a los alumnos que realicen la actividad 2.**

Poder para el testimonio y servicio efectivo

En Mateo 28:18-20 leemos que el llamado a hacer discípulos es para todos los creyentes, sin embargo la cobardía de Pedro le impedía cumplir con este mandato. Como muchos de nosotros Pedro sentía temor ante una tarea que no era popular. Solo cuando fue lleno del Espíritu, fue fácil para él cumplir con el propósito de Dios para su vida y aún ante la amenaza de persecución permaneció en Jerusalén y no dejó de predicar el evangelio.

El Espíritu de amor nos capacita con una compasión especial para la gente que sufre a causa del pecado. Dar testimonio de Cristo no es una opción para el creyente lleno del Espíritu. La fuerza de amor más grande y poderosa que existe en el universo está en su corazón y le impulsa a hacer algo para que las personas conozcan a Cristo. Como vemos en el ejemplo de Esteban, esta pasión no puede ser apagada ni aún por las pruebas y el martirio (Hechos 7:55-60).

Si bien todos los cristianos pueden testificar, hay una gran diferencia cuando testificamos llenos del poder del Espíritu.

·············○ Pida a los alumnos que completen la actividad 3.

Poder en la oración

[[[Pida a un alumno que lea 1 Pedro 2:5 y 9.]]]

Una de las responsabilidades del sacerdote en Israel era la de elevar a Dios oraciones intercesoras por el pueblo. El plan de Dios desde la venida de Cristo es que todos lo cristianos seamos sacerdotes y que podamos dirigirnos a Dios con toda confianza.

Cualquier cristiano puede orar, pero la oración del creyente lleno del Espíritu es diferente.

[[[Pida a un alumno que lea Romanos 8:26.]]]

Este versículo dice que el Espíritu nos ayuda. El creyente y el Espíritu son dos personas que se dirigen a Dios juntas. El Espíritu Santo se pone a nuestro lado y suple todo lo que humanamente nos falta para orar como es necesario. En ocasiones podemos encontrarnos sin palabras para expresar nuestras emociones a Dios, o puede que no sepamos lo que debemos pedir. En casos como estos, lo mejor es callar y quedarnos en silencio derramando nuestra vida en la presencia de Dios, con la confianza de que el Espíritu llevará ante Dios nuestras peticiones. El Espíritu se solidariza con el hijo o hija de Dios y clama por nosotros. Es maravilloso contar con esta ayuda permanente en nuestra vida.

·············○ Pida a la clase completar la actividad 4.

4. Pasado y presente al servicio del Señor

Pedro siguió usando los dos nombres para sí mismo. En sus cartas firma: "Simón Pedro, siervo y apóstol de Jesucristo" (1 Pedro 1.1). Tomó el sobrenombre que Jesús le dio como su apellido. El apellido es el que señala nuestra ascendencia, nuestro linaje, nuestra familia… dice en 1 Pedro 2: 9-10:

> *"Mas vosotros sois linaje escogido, real sacerdocio, nación santa, pueblo adquirido por Dios, para que anunciéis las virtudes de Aquel que os llamó de las tinieblas a su luz admirable; vosotros que en otro tiempo no erais pueblo, pero que ahora sois pueblo de Dios; que en otro tiempo no habíais alcanzado misericordia, pero que ahora habéis alcanzado misericordia."*

Simón ahora tenía la seguridad interior de que era de la misma sangre que su Cristo. Él fue lleno del Espíritu Santo y permitió a Jesús ser el Señor de toda su vida, y de su ministerio. Es maravilloso saber que el Espíritu Santo no elimina nuestro pasado. No nos somete a un lavado de cerebro. Todo lo contrario, al ser llenos del Espíritu Santo podemos reconciliarnos con nosotros mismos, aceptar nuestra historia, aceptarnos como somos, reconocer nuestros defectos y estimar nuestras virtudes; en otras palabras, ¡aprendemos a vernos, valorarnos y amarnos como Dios nos ama! No pensando que somos mejores ni tampoco que valemos menos que otros, sino una visión más equilibrada y verdadera.

Es hermoso saber que Dios no desecha nuestro pasado. Nuestro pasado es parte de lo que nosotros somos, pero él convierte esa historia nuestra en una herramienta poderosa para influenciar en las vidas de otras personas. Si el pecado nos ha dejado marcas, esas marcas se convierten en un testimonio vivo de la obra de restauración que Jesucristo ha hecho en nosotros. Si tenemos alguna cosa valiosa, Dios lo convierte en un tesoro, que gana intereses continuamente, cuando lo invertimos en la transformación de las vidas de nuestros semejantes.

[[[Pida a un alumno que lea 1 Pedro 2:4-10.]]]

Todas las personas, aún los cristianos buscamos una roca firme en la cuál anclar el barco de nuestra vida. La vida en este mundo es un mar lleno de tormentas que no tienen piedad de nosotros. Estas tormentas nos sacuden, nos lastiman, nos llenan de temor. Los seres humanos buscan asegurar su vida en muchas cosas, algunos -como Pedro- en sí mismos, otros en los bienes materiales, otros en su pareja, otros en un líder espiritual, otros en su conocimiento, y otros en otras cosas.

Sin embargo, para ser lleno del Espíritu, Pedro tuvo que tocar fondo y darse cuenta de que la única Roca segura donde anclar la vida es Jesucristo. En este pasaje Pedro afirma, no sólo que había hallado la "Piedra Viva, escogida por Dios y preciosa" sino que además, desde entonces, dedicó toda su vida para que otros también pudieran encontrarla.

Este mismo cambio operado en Pedro es el que Dios hace en la vida de cada uno de sus hijos e hijas. Ser lleno del Espíritu no implica que el creyente tenga más del Espíritu Santo sino al contrario que el Espíritu Santo tiene más del cristiano, quien habiendo renunciado a colocar en primer lugar sus deseos egoístas, se pone enteramente a la disposición del Señor para que le use conforme a sus propósitos.

·····o Pida a los alumnos que completen la actividad 5 y luego que compartan con el resto de la clase sus respuestas.

[[[Seguidamente invite a los alumnos a orar para hacer un compromiso con Dios, de que cuidarán esta experiencia cada día, haciendo los cambios en su vida que les permitan crecer en su relación con Dios.]]]

Definición de términos claves

- **Pureza:** es una palabra que se usa para describir la vida limpia de la carnalidad o pecado interior que nos impulsa a desobedecer a Dios.

- **Testimonio:** Este término puede significar dos cosas. Primero, puede ser la imagen que las demás personas tengan de nosotros. Nuestro testimonio ante las demás personas va a depender de nuestra manera de actuar y de vivir. También esta palabra puede representar una acción: dar testimonio. Esto es cuando le contamos a los demás lo que ha pasado en nuestra vida o hemos visto pasar en la vida de alguien mas. Somos testigos de lo sucedido y por lo tanto podemos testificar al respecto.

Resumen

Pedro tuvo un cambio significativo y notable en su vida desde que fue lleno del Espíritu de amor. Él comprendió que la voluntad de Dios para cada uno de sus hijos e hijas es que experimenten su amor en sus vidas y puedan compartirlo con otros.

El Espíritu Santo infunde poder a la vida del creyente. Este poder lo capacita para vivir en pureza, para dar testimonio y servicio efectivo y para interceder en oración por otros.

Como pueblo de Dios tenemos la tarea de anunciar la esperanza que hay en Cristo, pero -así como Pedro- no podemos hacer esto sin antes ser llenos del Espíritu de amor de Dios.

Hoja de Actividades

ACTIVIDAD 1

Luego de leer estos ejemplos contemporáneos de apodos que indican lo que la persona debe llegar a ser. Piense en lo siguiente: ¿Si Jesús le diera hoy un sobrenombre que le recordara lo que debe llegar a ser ¿Cuál cree que sería?

El Buldog

Hace años llegó a las ligas menores de béisbol de Estados Unidos un muchacho tímido, llamado Orel que tenía un brazo extraordinariamente fuerte y certero.

El entrenador de los Dodgers, Tommy Lasorda, se dio cuenta del potencial que había en este joven para llegar a ser uno de los grandes del béisbol. Sin embargo, el joven carecía de confianza en sí mismo y de espíritu competitivo. El entrenador le puso entonces un sobrenombre que era lo opuesto a su personalidad. Le puso "Buldog".

Con el tiempo Orel, llegó a ser uno de los jugadores más tenaces de las ligas de béisbol. Su sobrenombre le ayudó a definir su actitud y a recordarle lo que él debía ser.

Neo

En la película "Matrix" al protagonista se le da un nuevo nombre NEO, que significa nuevo, o algo viejo o que ya existe pero regenerado. Este nombre le recordaba que el era el elegido para salvar a la raza humana de la Matrix y que, aunque todavía no lo sabía, tenía el poder para hacer algo especial, que nadie más podía hacer.

Mi mayor dificultad es _____ Lo que debo llegar a ser en Dios es _____

Por lo tanto creo que el sobrenombre adecuado para mí sería _____.

ACTIVIDAD 2

¿Cuál es la obra de purificación que trae a nuestro corazón el Espíritu Santo cuando nos llena?

Complete las siguientes oraciones conforme a lo que lee en los versículos que se indican para cada una.

a. Juan el Bautista dijo que Jesús tiene el poder de bautizar con _____ (Mateo 3:11).

b. Palabras que describen la purificación interior son: _____(1 Corintios 6:11).

c. Por medio de _____somos limpiados (Juan 15:3).

d. Jesús oró para que fuéramos _____ (Juan 17:17).

e. La voluntad de Dios para nuestra vida es que crezcamos en _____ (Mateo 5:48).

f. Pablo nos dio ejemplo de perseverar en _____ (Filipenses 3:12).

ACTIVIDAD 3.

¿Cuál es la diferencia que marca el hecho de testificar lleno del Espíritu? ¿Cuáles son las características que le dan poder de dar fruto al testimonio de una persona llena del Espíritu? Busque en los siguientes versículos y escriba la lista.

Hechos 4:8 _____

Hechos 4:31 _____

Hechos 5:32 _____

Hechos 6:5 _____

Hechos 6:10 _____

Hechos 8:29, 39 _____

Hechos 10:38 _____

ACTIVIDAD 4.

¿Cómo nos guía el Espíritu en nuestras oraciones? Reflexione en la siguiente lectura escogida del libro de Leslie Parrott ¿Qué es la santificación? (Kansas City, CNP: 2008, p. 52).

"El orar en el espíritu es más que palabras. ¿Ha orado usted con tanta intensidad que finalmente ha caído sobre la cama implorando: "O Dios, yo no sé que decir ni hacer. Dejo todo en tus manos". "Y de igual manera el Espíritu nos ayuda en nuestra debilidad; pues qué hemos de pedir como conviene, no lo sabemos, pero el Espíritu mismo intercede por nosotros con gemidos indecibles... Y sabemos que a los que aman a Dios, todas las cosas les ayudan a bien..." (Romanos 8:26, 28). La persona santificada aprende a dejar su vida en las manos de Dios. No se consume en inquietud, porque confía en el Señor. No critica, no es quejumbroso, ni se enoja; porque sabe que aun las cosas desafortunadas que ocurren en la iglesia o en su vida privada redundarán para la gloria de Dios. Los que no están completamente consagrados no pueden tener tal fe."

ACTIVIDAD 5.

Lea la siguiente anécdota y luego evalúe su vida respondiendo las siguientes preguntas:

El verdadero testimonio del cristiano no descansa en sus palabras, sino en los hechos de su vida. El médico misionero y explorador David Livingstone (1813-1873) se encontró en África central con otro explorador y escritor, el Sr. H. M. Stanley (1841-1904) quien no era cristiano. Luego de un tiempo de viajar juntos y compartir experiencias el Sr. Stanley dijo: "Si hubiese permanecido con él algo más de tiempo, me habría convencido de hacerme cristiano; y conste que no me habló de ello en lo absoluto."

1. ¿Está su vida reflejando la vida de Cristo o todavía sigue siendo la misma persona que era antes?

_____

_____

_____

2. ¿Ha sentido este poder del Espíritu actuando en su vida? ¿Cómo?

_____

_____

_____

3. ¿Le gustaría tener esta clase de vida que convence a otros de seguir a Cristo sólo porque le conocen?

_____

_____

_____

4 .¿Qué cambios necesita hacer en su vida para que la gente pueda notar la vida de Cristo en usted y deseen cambiar sus vidas?

_____

_____

_____

LECTURAS RECOMENDADAS

- Salmos 24
- Salmos 31
- Salmos 51
- Salmos 63
- Mateo 6:38-48
- 1 Juan 1

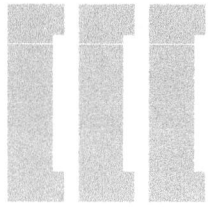

Amor perfecto: El estilo de vida del cristiano lleno del Espíritu
LECCIÓN 11

Objetivos de la lección

Que el alumno...

- Comprenda el significado de perfección cristiana desde la perspectiva Divina.
- Reflexione sobre las cualidades distintivas del amor de Dios.
- Identifique algunas de las formas en que amor de Dios se muestra en la vida de sus hijos.
- Reconozca las evidencias del amor de Dios actuando en su vida.

Recursos

- Varios tipos de semillas diferentes, como ser: frijoles, café, arroz, maíz, entre otras.
- Una planta pequeña, bonita y sana en su maceta.
- Una ilustración de un árbol adulto, grande y frondoso (o uno que se pueda ver desde el aula de clase).
- Si no puede conseguir las semillas y la planta, puede reemplazar con unas láminas o fotos ilustrativas.

Introducción

III **Pregunte a los alumnos ¿qué es estilo de vida? Escriba la pregunta en la pizarra, y permita a los alumnos expresar sus ideas. Luego escriba en la pizarra la siguiente definición y pida a los alumnos que la comparen con lo que han expresado: "El estilo de vida se refiere a los hábitos, el conjunto de comportamientos y las actitudes que desarrollan las personas." III**

o **Seguidamente, pida a los alumnos que completen la actividad 1 y solicite a dos o tres de ellos que voluntariamente compartan con la clase lo que escribieron.**

III **Lean juntos Efesios 4:13 y pregunte: ¿Cuál de estas tres personas que vieron en la actividad 1 tiene más posibilidades de alcanzar esta meta? III**

Cuando el creyente es lleno de Espíritu inicia una caminata espiritual. Día por día, año tras año crece y se asemeja más a Cristo. Para que esto sea posible el creyente debe colaborar con el Espíritu haciendo tantos cambios en su vida como sean necesarios para llegar a ser lo más semejante a Cristo que pueda llegar a ser. En este proceso Dios transformará por completo su vida. Este cambio inicia en nuestro ser interior, como vimos en la lección pasada, pero como veremos en esta lección, se hace cada vez más evidente en nuestro exterior.

Estudio bíblico

En este estudio vamos a definir dos palabras muy importantes: amor y perfección. La importancia de estas palabras es que ellas resumen lo que es el estilo de vida del cristiano lleno del Espíritu. Ambas palabras describen la cualidad central de esta capacidad que recibimos de Dios por medio de Su Espíritu. Ambas están íntimamente relacionadas de tal manera, que una cualidad no puede ser posible sin la otra.

A los ojos de Dios no podemos ser perfectos si no tenemos el amor que nos hace perfectos. Así mismo, para amar como Dios ama se requiere ser perfectos. Comenzaremos definiendo "perfección".

1. ¿Qué significa ser perfecto?

III **Pida voluntarios que lean Génesis 17:1 y Mateo 5:48. III**

Tanto en el Antiguo como en el Nuevo Testamento encontramos el llamado de Dios a sus hijos e hijas para sean perfectos delante de El.

····o **Escriba en la pizarra ¿Qué es perfecto? Seguidamente divida la clase en dos grupos, uno de mujeres y otros de hombres. Pida a los grupos realizar la actividad 2.**

Escriba las ideas que expresan ambos grupos en la pizarra en dos columnas y luego marquen las coincidencias. Seguidamente pida a cada grupo que escriba una definición sobre: ¿Qué es un fruto perfecto?

····o **Pida luego a los alumnos que individualmente completen la actividad 3 y que compartan con la clase sus definiciones.**

¿Qué significa ser perfecto desde la perspectiva Divina? La perfección cristiana es uno de los nombres que ha recibido en la historia de la Iglesia la experiencia de la llenura del Espíritu. Algunas personas se confunden en lo que significa ser perfectos, afirmando que es una vida libre de defectos, errores, actitudes o formas de comportamiento que puedan ofender a otro en alguna manera.

Para comprender el significado que tiene esta palabra vamos a ver unos ejemplos de cómo la usaron Jesús y los discípulos. Comencemos con Mateo 5:48, Jesús dijo: *"Sed pues, vosotros perfectos, como vuestro Padre que está en los cielos es perfecto"*. ¿A qué se refiere? Si vemos los versículos anteriores desde el 38 al 47 Jesús está enseñando cómo se debe perdonar y amar a los que nos han hecho algún daño. La palabra griega que se traduce perfectos en este pasaje es *"teleios"*, que significa fin, meta, límite. La enseñanza principal en este pasaje es que la meta para cada cristiano es llegar a amar como Dios nos ama.

Otro pasaje semejante es cuando Jesús dialoga con el joven rico y le dice: *"Si quieres ser perfecto, anda, vende lo que tienes y dalo a los pobres, y tendrás tesoro en el cielo; y ven y sígueme"* (Mateo 19:2). La palabra griega empleada es la misma –*teleios*- del ejemplo anterior. Jesús asume que este joven al igual que los demás quería crecer y tenía metas buenas para su vida. Pero Jesús lo pone frente a un nuevo desafío, una nueva meta: amar como Dios ama, para lo cuál tenía que dejar todo lo demás en segundo plano. La enseñanza aquí es que las metas personales del cristiano deben resultar en beneficio de otras personas y no sólo para sí mismo.

Pablo también habla de perfección en Efesios 4:13 cuando escribe a la iglesia: *"…hasta que todos lleguemos a la unidad de la fe y del conocimiento del Hijo de Dios, al hombre perfecto, a la medida de la estatura de la plenitud de Cristo."* Pablo usa aquí la misma palabra *teleios*, pero para describir a un hombre perfecto o sea maduro. En sus escritos Pablo siempre insta a los hermanos a dejar la niñez espiritual y alcanzar la meta de la madurez. Pablo inicia esta frase afirmando que todos y cada uno de los creyentes debe llegar a esta meta y que esta, es la tarea primordial de los líderes y pastores de las iglesias.

En 2 Timoteo 3:17 Pablo también escribe: *"... a fin de que el hombre de Dios sea perfecto, enteramente preparado para toda buena obra"*. Aquí Pablo usa otra palabra griega *"artios"* que se traduce perfecto y significa equipado, ajustado o perfectamente preparado.

Observando este breve estudio, podemos concluir que en la Biblia la única perfección posible es la perfección de amor. El cristiano perfecto entonces, es aquel que ha crecido hasta un punto de madurez en que recibe el amor de Dios. Este amor perfecto morando en su vida, lo capacita, lo equipa para el servicio, pero a la vez lo sigue equipando y ajustando conforme al modelo de Jesús.

Ninguno de nosotros puede ser perfecto en mente, en entendimiento, en el hablar, o en el actuar hasta que estemos en la presencia de Dios. Pero sí podemos ser perfectos, si en nosotros corre el río del amor perfecto de Dios. Lo que nos hace perfectos no es lo que hacemos, sino la energía del amor de Dios que habita en nuestro ser y esta energía es la que nos dirige y nos impulsa para que cada uno de nosotros viva conforme al propósito para el cuál fuimos salvados.

▌▌▌ Para comprender mejor lo que significa ser perfecto vamos a demostrarlo con estas semillas, esta planta y este árbol. (Muestre los elementos mientras da la explicación que sigue). ▌▌▌

Podemos comprender esto observando algunas semillas. Todas ellas son diferentes, pero en cada una de ellas reside el potencial para llegar a ser una planta o un árbol de acuerdo a su familia. ¿Podríamos decir que esta semilla es perfecta? Sí, es sana, está completa, y cumple con su propósito.

Veamos ahora una planta. Esta es una planta sana, tiene todo lo que necesita para crecer y multiplicarse. ¿Podríamos decir que esta planta es perfecta? Si. Veamos ahora un frondoso árbol, ¿diría usted que es perfecto? Si, es sano, está completo, tiene todo lo que necesita para seguir creciendo y agregando anillos a su tronco. Aunque es un árbol grande y ya adulto tiene la capacidad de reproducir hojas y ramas y hasta de crecer en altura.

Estos tres, semilla, planta y árbol son perfectos en su tiempo de desarrollo. Son perfectos porque están sanos y tienen todo lo que necesitan para seguir creciendo y cumplir el propósito para el cuál Dios los creó. Todos ellos dan fruto, aunque el fruto es diferente. Algunas dan luz a una nueva vida, otros adornan la vista, otras dan sombra, semilla, fruto y madera.

Igualmente los cristianos llenos del Espíritu son perfectos en este sentido de estar completos, tienen la capacidad de crecer a semejanza de Cristo y de cumplir con el propósito para el cuál Dios los ha llamado a cada uno.

2. ¿CÓMO ES EL AMOR PERFECTO?

⬦⋯⋯⋯○ Pregunte a la clase ¿qué entiende la gente por amor? Pida que respondan completando la actividad 4.

El amor perfecto es aquel que el apóstol Pablo describe en 1 Corintios 13. Es el mismo amor con el cuál nos ama Cristo. Este es un amor que se da sin reservas, sin condiciones, sin medida. Es el amor puro despojado de egoísmo. Es el amor que nos permite amar a Dios con todo el corazón, con toda el alma y con toda la mente (Mateo 22:37). Este es el amor del cuál Dios nos llena con Su Espíritu.

El Espíritu Santo al llenar el corazón del creyente produce cambio en los motivos y en los afectos que ahora se centran en hacer la voluntad perfecta de Dios y se demuestran en una nueva capacidad de amar a Dios, a su obra y a todas las personas con un amor ilimitado, aún a costa del sacrificio personal. Es un amor que no busca lo suyo, sino que siempre y en todo procura el avance del reino de Dios.

Veamos algunas de las formas en que el amor perfecto se manifiesta en la vida de los cristianos llenos del Espíritu.

Es amor intencional

Ⅲ Pida a un alumno que lea 1 Juan 4:19 y pregunte a la clase ¿Quién amó primero: Dios a nosotros o nosotros a él? Ⅲ

Por medio de la Palabra nosotros sabemos que Dios nos ama intencionalmente, o sea él nos ama porque ha decidido amarnos, porque lo desea y tiene la voluntad de amarnos. El cristiano lleno del Espíritu no sólo debe sentir este amor perfecto sino que debe tomar la decisión de cultivar ese amor hacia Dios y hacia sus semejantes.

Con respecto a Dios, el creyente lleno del Espíritu lo ubica en el centro de sus afectos. Dios se convierte en la pasión número uno de su vida. El cristiano lleno del Espíritu se esfuerza por agradar a Dios y así como Jesús, su único deseo, el propósito fundamental de su vida, no es hacer su propia voluntad, sino la de su Dios (Juan 6:38). Este amor se expresa en el cumplimiento de todos los mandamientos de Dios, en su relación con Dios y en amar a otras personas como Dios las ama.

Los griegos usaban tres palabras diferentes para expresar amor. Estas palabras nos ayudan a describir mejor el amor de Dios. El amor *"ágape"* se refiere al amor que siempre entrega bien, aún a cambio de mal; el amor *"eros"* es aquel que se deleita con lo bello, con lo que gratifica los sentidos; el amor *"filia"*, es aquel que une en lazos de amistad.

Los seguidores de Jesucristo practicamos las tres formas del amor. El cristiano responde a las ofensas pagando bien por mal (Romanos 5:8 y 12:14). Promueve el bienestar de los demás, aún de los que le han hecho daño. El cristiano se deleita al contemplar la belleza de la creación y disfruta de lo bueno, lo valioso, lo hermoso. Procura propagar la belleza de la creación de Dios en lugar de destruirla, pero al mismo tiempo se horroriza con el pecado que corrompe al mundo y a las criaturas de Dios. El cristiano es un amigo fiel que promueve y cultiva los lazos de amistad.

Un cristiano lleno del Espíritu tiene el amor de Dios derramado en su corazón. No es un cristiano de nombre solamente sino uno que intencionalmente busca más de Dios en su corazón y en su vida.

Es amor que busca expresarse

Ⅲ Pida a un alumno que lea Juan 4:13-14. Ⅲ

Jesús comparó este fruto abundante del Espíritu con un río de agua viva fluyendo dentro de nuestro ser. Cuando Jesús hablaba de agua viva quería resaltar la gran diferencia que hay entre un río y un lago. En los ríos el agua fluye, corre; su cauce se vacía y se vuelve a llenar. Los lagos reciben el agua pero la acumulan. En Palestina existe un lago conocido como el Mar Muerto, el cual recibe las aguas limpias y frescas del río Jordán, pero en vez de distribuirlas para que rieguen los campos, las acumula. Estas aguas tienen tan alto contenido de sal, que nada puede vivir en ellas. Es agua muerta.

El Espíritu de Dios es una fuerza de amor generosa que corre como agua fresca en la vida del cristiano y este solo puede ser plenamente feliz, cuando derrama su vida en servicio. Con la misma intensidad con que ama a Dios con todo su corazón, le sirve con todas sus fuerzas (Hechos 24:16). Emplea sus talentos y fuerzas constantemente de acuerdo a la voluntad de su Maestro.

La abundancia del Espíritu produce abundancia de ministerio. El amor perfecto se manifiesta en acción. El amor de Dios nos moviliza. Dios nos ama y ese amor le llevó a hacer algo por nosotros, por nuestro bienestar. El cristiano que ama sólo de palabra no está reflejando el genuino amor de Dios.

El amor de Dios es un amor proactivo, es decir, busca la oportunidad de expresarse en lugar de sentarse a esperar que le inviten a hacer algo por otras personas. Es un amor que energiza, nos da fuerzas y valor para ir adonde quiera que esté la necesidad. No produce un cristiano al que comúnmente se le conoce como "calienta bancas", sino uno que es proactivo para hacer el bien a todos cuantos pueda; participa en compasión y en evangelismo, al tiempo que comparte las responsabilidades del trabajo en la iglesia.

Este amor se expresa en muchas formas distintas y en muchas personalidades diferentes. Por ejemplo, es un amor que anima al otro, habla a otros para que despierten del pecado, lleva a otros a Cristo para que sean justificados por la fe y tengan paz con Dios (Romanos 5:1), estimula a los salvos para que abunden más en amor y buenas obras y ¡se alegra cuando logra su objetivo!

Es un amor que perdona, no guarda rencor ni toma venganza. En otras palabras, perdona y no lleva registro de las ofensas, es un amor que soporta y olvida, perdonando en la misma forma en que Dios le ha perdonado en Cristo (Colosenses 3:13).

Es un amor que le mueve a dar de su tiempo y dinero en forma sacrificada, más allá de lo que a veces otros ven como algo racional, mucho más de lo que cualquier persona buena daría para una buena causa.

Un cristiano lleno del Espíritu es una persona cuya vida exterior es el reflejo de la relación íntima que tiene con su Señor.

Es amor que transforma nuestras relaciones

||| Pida a un alumno que lea Juan 3:34. |||

Jesús dijo que Dios no daría su Espíritu por medida, sino que lo derramaría abundantemente en cada uno de sus hijos e hijas. Si bien todos los cristianos deben manifestar el fruto del Espíritu, el creyente lleno del amor de Dios lo demuestra en forma abundante en su vida. ¿Cuál es este fruto del Espíritu? Amor, gozo, paz, paciencia, benignidad, bondad, fidelidad, mansedumbre y dominio propio, como escribió Pablo en Gálatas 5:22-23.

||| Pida a un voluntario que lea Hebreos 4:1-11. |||

La vida llena del Espíritu es una vida de reposo que se compara con el descanso que tuvo Dios en el sexto día luego de crear el mundo y al del pueblo de Israel cuando entró por fin en la tierra de Canaán (Génesis 1:31-2:2). El autor de Hebreos dice que este descanso es sólo para el pueblo de Dios y que es el resultado de poner toda la fe y toda la confianza en nuestro Dios.

Cuando el cristiano es lleno del Espíritu la guerra en su ser interior entre la vida en la carne y la voluntad de Dios se termina. Su ser interior ya no está dividido, se encuentra en paz. Su mente se encuentra en calma porque tiene una nueva seguridad de que su vida depende por completo de Dios, y encuentra felicidad plena haciendo la voluntad de Dios.

El cristiano lleno del Espíritu es una persona reconciliada con Dios y consigo mismo y esto se refleja en sus relaciones con otras personas. Como en su interior hay paz, se convierte en un pacificador. Su corazón es limpio. Ha sido purificado de toda pasión de venganza, de envidia, de malicia, y de ira, de toda actitud despiadada o de inclinación maligna. Ha sido limpiado del orgullo y de la altivez que provocan contiendas (Proverbios 13:10). Este amor perfecto se muestra en dominio propio, autocontrol y humildad.

Este amor, al igual que el de Dios, tiene tres cualidades importantes: es firme, es sincero y siempre busca el bienestar del otro. Es un amor que se exige a sí mismo al máximo para dar lo mejor de sí. Es un amor que no hace nada indebido, no apoya lo incorrecto y no se goza en la injusticia, muestra confianza, respeto, compasión, es paciente, amable y siempre dice la verdad.

○Pida a los alumnos que completen las actividades 5, 6 y 7.

Este amor perfecto se vuelve el principio que gobierna o que está detrás de todo lo que hacemos y eso incluye el como nos relacionamos con otras personas. El estilo de vida del cristiano lleno del Espíritu es uno que crece en relaciones de amor con otras personas.

Definición de términos claves

- **Amor perfecto:** Es el amor de Dios, del cuál nos llena el Espíritu Santo. Este es el amor descrito en 1 Corintios 13, un amor desinteresado, que da lo mejor de sí y espera lo mejor de otros.

- **Ministerio:** Servicio que una persona presta a Dios y a sus semejantes.

- **Intencional:** De intención, propósito de hacer algo, deseo voluntad y determinación por algo.

- **Deleite, deleitarse:** Placer satisfacción, sentirse satisfecho, feliz, pleno.

- **Pro activo:** Que promueve la actividad, uno que toma la iniciativa.

Resumen

La vida en el Espíritu es una vida de crecimiento en el amor perfecto, es una vida que cada vez se llena más de Cristo. La abundancia del amor de Cristo se va haciendo carne en la vida del creyente, transforma su carácter, sus hábitos, sus actitudes y la forma en que se conduce y relaciona con otros. Este amor perfecto produce en su vida crecimiento que le llevará a ser un cristiano maduro. El estilo de vida del creyente lleno del Espíritu es de crecimiento en el amor perfecto de Dios. Este crecimiento es intencional y se expresa en una vida entregada al servicio y en las buenas relaciones con los demás.

ACTIVIDAD 1

En el siguiente cuadro escriba algunas diferencias que ha notado o aprendido en estas clases sobre la diferencia entre el estilo de vida de una persona no cristiana, un cristiano que vive en la carne y uno que vive lleno del Espíritu. Mencione ejemplos de: hábitos, comportamientos, actitudes, en cada columna respondiendo a las preguntas.

	No cristiano	Cristiano que vive en la carne	Creyente lleno del Espíritu
¿Cómo usa su tiempo libre?			
¿Cómo usa sus capacidades?			
¿Cómo usa sus bienes?			
¿Cómo se relaciona con otros?			

ACTIVIDAD 2

Si su maestro/a le pidiera que para la próxima clase trajera una fruta perfecta ¿Cómo la escogería? ¿Qué buscaría en ella? ¿Cuáles serían sus cualidades o características?

_____

_____

_____

ACTIVIDAD 3

Compare las siguientes definiciones de "perfecto" tomadas de diferentes diccionarios, con sus propias ideas y las expresadas en clase para luego escribir en sus propias palabras una definición de "perfecto".

1. Que tiene el mayor grado posible de calidad o bondad entre sus semejantes.

2. Que tiene el mayor grado posible de bondad o excelencia en su línea.

3. Que posee el grado máximo de una determinada cualidad o defecto.

4. Que cumple con responsabilidad y eficacia la función para la que fue diseñado.

Mi propia definición de perfecto es: _____

_____

ACTIVIDAD 4
Responda: ¿Qué entiende la gente por amor?

_____

_____

_____

ACTIVIDAD 5
Mencione algunas formas en que puede demostrar intencionalmente el amor de Dios en cada caso esta semana:

A la persona que más amo: _____

A la persona que me ha costado más trabajo amar: _____

ACTIVIDAD 6
Responda a las siguientes preguntas:

1. ¿Cuánto de valor hay en su historia pasada que puede usar para servir a Dios?

_____

_____

_____

2. ¿Cómo puede Dios usar la experiencia en su niñez y adolescencia?

_____

_____

_____

3. ¿Hay en su vida estudios, talentos especiales, habilidades naturales o aprendidas que pueden ser útiles para Dios?

_____

_____

_____

4. ¿Hay alguna experiencia dolorosa que ha superado y puede ser de utilidad para aconsejar a otros?

_____

_____

5. ¿Hay algún logro o éxito que haya alcanzado en su pasado y que puede usar para servir al Señor?

_____

_____

ACTIVIDAD 7
Lea Gálatas 5:22-23 y 1 Corintios 13:4-7 que se incluyen en la Nueva Versión Internacional y respoda la pregunta abajo.

"… En cambio, el fruto del Espíritu es amor, alegría, paz, paciencia, amabilidad, bondad, fidelidad, humildad y dominio propio. No hay ley que condene estas cosas." Gálatas 5:22-23.

"El amor es paciente, es bondadoso. El amor no es envidioso ni jactancioso ni orgulloso. No se comporta con rudeza, no es egoísta, no se enoja fácilmente, no guarda rencor. El amor no se deleita en la maldad sino que se regocija con la verdad. Todo lo disculpa, todo lo cree, todo lo espera, todo lo soporta." 1 Corintios 13:4-7.

¿Cuáles son las cuálidades del amor de Dios que debo desarrollar en mi vida para otros puedan conocer el amor perfecto de Dios a travéz de mi?

_____

_____

_____

_____

LECTURAS RECOMENDADAS

- San Juan 4
- Romanos 15: 1-21
- 1 Tesalonicenses 5:12-28
- Filipenses 4
- Colosenses 3

Mis notas

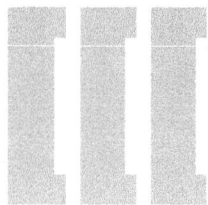

Errores comunes sobre la vida llena del Espíritu
LECCIÓN 12

Objetivos de la lección

Que el alumno...

- Reconozca las interpretaciones erróneas sobre las evidencias de la santidad de vida.

- Reflexione sobre el peligro que representan a la unidad de la iglesia estas formas equivocadas de entender la vida llena del Espíritu.

- Comparta experiencias sobre cómo afectan estas malas interpretaciones el testimonio de la iglesia en la sociedad,

- Proponga ideas de cómo puede ayudar a las personas confundidas a comprender lo que verdaderamente significa vivir en santidad.

Recursos

- Pizarra.

- Escriba en tiras de papel de diferentes colores las palabras: legalismo, emocionalismo, caídas, lenguas neopentecostales. Incluya algunos otros conceptos o prácticas que la gente de su contexto tenga sobre la evidencia de la llenura del Espíritu. Decore con anterioridad el aula o el borde de la pizarra con estas tiras de papel.

- Cinta de pegar para sujetar las tiras de papel.

Introducción]]]

||| Comience la clase escribiendo la siguiente pregunta en la pizarra ¿Es importante conocer las ideas equivocadas sobre la vida llena del Espíritu? ¿Por qué y para qué nos será útil esta información? Permítales expresar sus ideas. A medida que hablan resuma cada respuesta haciendo una lista en la pizarra. Si no lo mencionan usted puede agregar: "para no caer en los mismos errores", "para ayudar a los que están equivocados", "para defender lo que la Biblia enseña al respecto", entre otros. |||

·········o Pida a los alumnos que completen la actividad 1. Cuando hallan finalizado lea la primer afirmación y pida a la clase que diga en voz alta si es Verdadero o Falso, luego usted les felicita o les corrige si se equivocan para que cada uno pueda corregir su respuesta. Siga con la siguiente afirmación de la lista hasta terminar.

En la presente lección vamos a estudiar sobre algunos de estos errores más comunes en cuánto a lo que significa ser lleno del Espíritu y vivir en santidad.

Estudio bíblico]]]

Algunas ideas equivocadas sobre lo que hace una vida santa son:

1. QUE DESTRUYE EL LIBRE ALBEDRÍO

Cuando Dios creo al ser humano, lo hizo para tener comunión con él, para que sea su amigo. Por esto, es totalmente equivocado pensar que la vida llena del Espíritu anula la libre voluntad del ser humano, pues jamás Dios deseó crear a un robot que respondiera "a control remoto" o a un prisionero que le obedeciera forzadamente. Encontramos en la Biblia ejemplos por medio de los cuales podemos asegurar que Dios no destruye el libre albedrío. Revisemos los ejemplos de Adán y Eva y Jesús.

En el caso de Adán y Eva, Dios los crea y les asigna la responsabilidad de administrar el Edén, pero en ningún momento hace que le obedezcan a la fuerza. En Génesis 2:8-9 dice que Dios ubicó al ser humano en el huerto del Edén y también que hizo nacer el árbol de la ciencia del bien y del mal. Esto representa en realidad, la oportunidad de escoger. Por supuesto que Dios hace su recomendación al ser humano, pero no influye en la decisión de éste. Observemos la decisión de la primera pareja en Génesis 3:6 *"y tomó de su fruto, y comió; y dio también a su marido, el cual comió así como ella"*. Adán y Eva escogieron una opción fatal para sus vidas pues les trajo separación de su Creador.

Veamos el ejemplo de Jesús.

⫿⫿⫿ Pida a un alumno que lea Lucas. 22:39-44. ⫿⫿⫿

En este pasaje encontramos al Señor escogiendo obedecer la voluntad de su Padre por más difícil que esto fuera y Jesús expresó al Padre su deseo. No fue fácil para Él ir a la cruz, requería sacrificarse, ganar enemigos, pagar el precio de la soledad, de la incomprensión, recibir insultos, maltrato físico y hasta la muerte. Jesús no fue obligado a ir a la cruz, él fue por su propia voluntad, por amor a su Padre y por amor a nosotros. Es por eso que ora pidiendo fortaleza para cumplir la voluntad de su Padre hasta el final.

Como podemos observar, el libre albedrío no se destruye en la vida de la persona llena del Espíritu, en la vida cristiana siempre tendremos que tomar decisiones y a Dios le agrada que sus hijos le obedezcan por su propia voluntad.

2. Que se es inmune a la tentación

Este es también un concepto equivocado, pues encontramos que el mismo santo Hijo de Dios fue tentado hasta el extremo.

⫿⫿⫿ Pida a un alumno que lea Mateo 4:1-11. ⫿⫿⫿

En Mateo 4 leemos como el Señor fue tentado tres veces. En la primera Satanás se aprovecha de la necesidad humana básica de alimentarse, ya que Jesús había pasado 40 días en ayuno; en la segunda, fue tentado a probar la fidelidad de su Padre y en la tercera fue tentado con riquezas y poder. Hebreos 4:15 (VP) nos dice que Jesús *"…puede compadecerse de nuestra debilidad, porque Él también estuvo sometido a las mismas pruebas que nosotros; sólo que jamás pecó"*.

En las Escrituras encontramos muchos ejemplos de personas que no lograron superar o salir victoriosos de la tentación, como por ejemplo Ananías y Safira, cuya historia se narra en Hechos 5:1-11. Esta pareja cristiana fue tentada en el área del dinero. Decidieron tratar de engañar a los apóstoles quedando bien con ellos, pero guardando parte del monto de la venta de su propiedad. Pedro le recuerda a Ananías que él no estaba obligado a vender su terreno, o a entregar el dinero de la venta a la iglesia (Hechos 5:4). El pecado consistió en no ser honestos con Dios, a quien nadie puede engañar (Gálatas 6:7). La consecuencia de esta actitud fue mortal.

No podemos evitar ser tentados, pero si podemos orar para que Dios nos ayude para triunfar sobre la tentación.

⚜ ·····························○ **Pida a los alumnos que completen la actividad 2.**

De la misma manera que este padre de la ilustración, la persona llena del Espíritu puede "técnicamente" pecar. Como hemos visto, no está libre de tentaciones. El caso es que no desea pecar, por que ama tanto a su Señor que no desea hacer nada que a Él le desagrade. Ha sido librado del deseo de hacer lo malo concientemente, por amor a aquel que lo amó primero y se entregó por él en la cruz.

3. Que nos dará madurez instantánea

No hay que confundir pureza con madurez. No están en las mismas condiciones una persona que ha sido llena del Espíritu por un día y una que lo ha sido por diez años. Ambas tienen el mismo nivel de pureza, pero no el mismo nivel de madurez. El camino a la madurez espiritual es un proceso que consiste en "crecer" en una relación íntima con Jesús; en el estudio y obediencia a la Palabra y en el compañerismo y servicio en la iglesia.

Cuando un conductor obtiene su primer licencia de conducir (normalmente en la juventud) ésta lo habilita para guiar un vehículo; pero su destreza en el manejo, su conocimiento de los caminos, su reacción ante una maniobra incorrecta de otro conductor, su habilidad en el cambio de un neumático y su pericia en el mantenimiento básico de su automóvil, nunca será la misma que la de una persona que tiene muchos años conduciendo. Su licencia y la del otro conductor son muy parecidas, dicen más o menos lo mismo y ambas resultarán satisfactorias cuando un oficial de tránsito las examine. La diferencia es que su licencia está nueva, y la del otro chofer ha sido renovada en varias ocasiones y tiene las marcas del paso de los años. De igual modo es con la pureza y la madurez.

Un ejemplo de una persona pura y al mismo tiempo inmadura lo encontramos en la vida del apóstol Pedro.

||| Lea Gálatas 2:11-14. |||

Pedro era una persona llena del Espíritu Santo que actuó hipócritamente al dejar de compartir, con los creyentes no judíos, por temor a lo que pensarían de él otros líderes de la iglesia. Pablo reprende a Pedro por su actitud inmadura, al asociarse con quienes exigían que los "gentiles" pasaran por el rito de la circuncisión (una costumbre judía que venía de los tiempos de Moisés) antes de ser aceptados en la iglesia.

4. QUE NOS HACE A TODOS IGUALES

Cada uno de nosotros ha sido creado único. Aún los gemelos idénticos, físicamente hablando, poseen diferencias en su manera de ser. La ciencia ha demostrado que existen distintos tipos de temperamentos que las personas naturalmente traen al nacer. Estos temperamentos se han catalogado en cuatro: coléricos, sanguíneos, flemáticos y melancólicos. Cada uno de éstos tiene características propias que le harán preferir ciertas cosas antes que otras, ser más o menos extrovertidos, reaccionar de manera diferente ante una misma situación, etc. La santidad no destruye la personalidad que tenemos. Aunque la experiencia nos va transformando a la imagen de Cristo, vamos a conservar nuestras características singulares.

Esto lo vemos claramente reflejado en la vida de los apóstoles, aún después del Pentecostés cuando fueron llenos del Espíritu. Piense en un momento en la vida de Pedro, Juan o Pablo. ¿Qué características tenía la personalidad de estos hombres antes de ser llenos con el Espíritu Santo? ¿Qué cambios hubo después? ¿Fueron estos cambios beneficiosos para su tarea?

Hay quienes piensan que un encuentro más profundo con el Señor (Pentecostés en el caso de Pedro y Juan y Damasco en el caso de Pablo) quizá pudo haber acentuado sus personalidades y fue un valor agregado para el cumplimiento fiel de la misión que Dios les encargó.

Por ejemplo, Pedro siempre era el atrevido y el que toma la iniciativa en los evangelios. En Hechos lo vemos de la misma forma, solo que con un grado de compromiso más profundo. A Juan lo observamos frecuentemente cerca de Jesús, alguien a quien Jesús amaba de una manera especial. En sus cartas encontramos un apóstol tierno llamando a los hermanos: "hijitos míos". Por último Pablo, alguien categórico en sus convicciones y extremadamente celoso de cumplir la ley. Sus escritos nos reflejan un apóstol con lenguaje directo y preocupado porque las iglesias vivieran conforme al evangelio de la gracia.

5. QUE NOS DARÁ PERFECCIÓN ANGELICAL

Cuando en una congregación existen diferencias de opinión y problemas entre los creyentes, esto evidencia que la obra del reino se está desarrollando entre los seres humanos. Un lugar en el cual con seguridad no hay conflictos es en el cementerio. Sólo hay muertos allí, y las personas muertas no tienen diferencias de opinión, no tienen agendas ni intereses. Si estamos vivos tendremos conflictos. Donde hay un grupo de seres humanos, existirán problemas a resolver.

La santidad no nos libra de equivocarnos con las personas o en las decisiones, ni de pensar diferente que los demás, ni de ofender otro en alguna ocasión, o de sentirnos ofendidos por algo que alguna persona ha dicho o hecho

Pablo y Bernabé tuvieron una diferencia de criterios por Juan Marcos que los llevó a la separación como compañeros de viaje, pero –porque seguían estando llenos del Espíritu, a pesar de ello– no los apartó del ministerio misionero que habían recibido de parte de Dios.

El ser humano al ser santificado por Dios jamás alcanzará el grado de perfección de los ángeles, quienes están libres de todas las imperfecciones de nuestra humanidad. Nosotros estamos en el mundo para ser sal y luz. Ser sal impartiendo vida a la sociedad y preservándola de la maldad y ser luz guiando a otros en el camino de la salvación (Mateo 5:13-16). Mientras sigamos cumpliendo con nuestra misión en esta vida nunca estaremos libres de errores y debilidades humanas.

Sin embargo –como vimos en el punto 3– debemos crecer cada día a fin de parecernos más y más a Cristo. Si por ejemplo, al principio de mi caminar en el Espíritu me afectaban fuertemente los comentarios y actitudes de los demás; luego de varios años debo haber aprendido a que no me dañen, perdonando y olvidando la ofensa inmediatamente. Si años atrás, juzgaba con facilidad las intenciones de otras personas, debo haber aprendido que esa es tarea del Señor. Si antes tomaba decisiones apresuradamente que podían perjudicar a personas o bienes, con el tiempo debí aprender a orar y a pensar más, explorando todas las posibilidades para buscar la mejor opción, la que agrada a Dios. Aún así, nunca estaremos exentos de equivocarnos, mientras estemos en este mundo.

6. QUE ES LICENCIA PARA HACER CUALQUIER COSA

Viviendo llenos del Espíritu tenemos libertad, no para pecar, sino para obedecer de una mejor manera a nuestro Dios sin ningún estorbo que limite nuestra entrega completa a Él.

No somos libres para dar rienda suelta al egoísmo, sino para someternos al dulce y tierno amor de nuestro Señor Jesucristo, para servirle con todo nuestro ser (1 Pedro 2:16). Si permitimos que nuestros deseos egocéntricos nos dominen entonces somos sus esclavos, pero si hacemos la voluntad de nuestro Padre celestial entonces somos libres por el poder de Jesús (Romanos 6:1,2; Gálatas 5:1).

Libertad, no es el permiso para hacer lo que me plazca hacer. Eso se llama libertinaje. Libertad significa tener la capacidad de hacer lo que debo hacer.

7. Se confunde con legalismo

En ocasiones, en el proceso de la entera consagración que precede a la llenura del Espíritu, Dios trata con algunas áreas de nuestra vida (a veces una o dos) que más nos cuesta rendir. Cuando finalmente estos asuntos son dejados en el altar, el Señor responde con su obra santificadora en nuestra vida. El problema radica en que frecuentemente pensamos en que como esas fueron las áreas críticas para nosotros, lo deben ser para todas las personas. Si esto se traduce en que nosotros tratemos de imponer en los demás el cambio de esos "asuntos" específicos como requisito para ser llenos del Espíritu, nos transformamos en legalistas.

Veamos un ejemplo. Ernesto es una persona que antes de conocer al Señor tuvo a una banda de música como su "dios" comprando todas sus producciones, yendo a todos sus conciertos, etc. En el proceso de consagración, el Señor le indicó que sería mejor deshacerse de todos los CDs, pósters y revistas de esa banda que tenía en casa. Eso fue necesario en su caso, para ser lleno con la presencia santificadora de Jesús. Ernesto jamás quiso volver siquiera a escuchar esa música porque para él representaba un regreso al pasado, a la vida sin Cristo. En la actualidad sólo escucha música cristiana. En la radio de su automóvil se sintoniza sólo una emisora evangélica.

Mario, en cambio, quien asiste a su misma iglesia local, tiene en su casa algunos discos de esa misma banda y de la música cristiana que también escucha. Cada tanto disfruta escuchando una canción de esos intérpretes, cuyas letras no son ofensivas a Dios o a su Palabra. Para Mario –también lleno del Espíritu Santo- esa música no fue un área problemática en su entrega total al Señor. La banda no era su "dios" ni lo será nunca, y por lo tanto no le afecta en su crecimiento espiritual escuchar algún tema cada tanto. Si Ernesto trata de convencer a Mario, de que el no puede ser verdaderamente lleno de la presencia de Dios antes de que se deshaga de toda esa música, habrá caído en una actitud legalista.

Décadas atrás, en algunas iglesias cristianas, el legalismo tenía que ver con la clase de ropa que podían vestir las mujeres, o el uso de alianzas matrimoniales en los hombres, entre otras. Se ponía mucha más atención a la "forma externa" de vivir la santidad, que al corazón (Colosenses 2:11).

El legalismo comienza muchas veces inocentemente cuando queremos establecer reglas para evitar conductas "mundanas" o exigir ciertas prácticas como requisito para crecer en la fe o ser bienvenido en la iglesia. Las consecuencias del legalismo pueden ser muy graves. Muchas personas y aún hijos de creyentes se han alejado de la iglesia por esta causa. Haremos bien en escuchar las palabras del apóstol Pablo en 2 Corintios 3:6 (VP) *"...pues Él nos ha capacitado para ser servidores de un nuevo pacto, no escrito, sino espiritual. La ley escrita condena a muerte, pero el Espíritu de Dios da vida".*

8. Se confunde con emocionalismo

En nuestros días, y como consecuencia de una sociedad cada vez más hambrienta de emociones "fuertes", el extremo del emocionalismo es probablemente más notorio que nunca antes.

Obviamente, los seres humanos somos emocionales por naturaleza, y no hay nada malo con expresar nuestras emociones. De hecho, no es posible, ni saludable tener una relación con Dios que carezca de emoción. Sin embargo podemos caer en el error de que las manifestaciones emocionales ocupen el lugar principal en nuestra vida espiritual.

Cuando pensamos que Dios está con nosotros porque nos "sentimos bien", o cuando medimos nuestro nivel espiritual por "cuanto disfrutamos el servicio de hoy", estamos dando muestras evidentes de emocionalismo. Lo interesante es que a veces los creyentes -en un estado de desborde emocional, podemos no saber lo que estamos diciendo, como Pedro en el monte de la transfiguración (Lucas 9: 33-36).

Es necesario destacar que todos nosotros respondemos emocionalmente a las experiencias espirituales. Sin embargo, la manera en que respondemos está determinada por nuestra forma de ser o temperamento, nuestro pasado y el medio ambiente en el que nos desenvolvemos. Para algunas personas será levantar una o ambas manos al cielo con los ojos cerrados, para otras será dar palmadas o gritar "amén", para otra será solamente decir "gracias Señor" en voz baja, o derramar algunas lágrimas. No podemos "legislar" una u otra manera de responder a la presencia del Señor.

Keith Drury dice: *"El emocionalismo puede ser engañoso... una desviación atractiva que nos aleja de la verdad central de la santidad... induce a las personas a buscar una "embriaguez espiritual", o cierta sensación. Las emociones pueden ser excitadas por la predicación, por los cantantes, o por los conjuntos musicales, resultando en un sentido falso de la bendición de Dios mientras que, en verdad, es un disfraz superficial de lo verdadero".* [1]

Mezclar la fe con lo emocional no es un fenómeno nuevo. Ha sucedido antes en la historia de la iglesia. En las congregaciones cristianas en diferentes épocas, se han asociado algunas manifestaciones emocionales con la presencia de Dios o aún con la llenura del Espíritu Santo. Algunas de estas manifestaciones ligadas a la espiritualidad han sido las siguientes:

a. Un nuevo lenguaje de oración (lenguas neo pentecostales).

b. Sacudidas o caídas en el Espíritu.

c. Explosiones de risa, gritos, corridas u otras expresiones de origen emocional.

d. Conocimiento o revelación espiritual instantánea, de modo tal que la educación teológica es innecesaria.

e. Proceso de "sanidad interior" que requiere de un consejero, cuando minimiza la obra purificadora del Señor en el altar.

Organice a los alumnos para completar la actividad 3. Divida a la clase en grupos de dos. La mitad de los grupos trabajará sobre el legalismo y la otra mitad sobre el emocionalismo. Luego modere un tiempo de exposición de parte de cada uno de los grupos comenzando con los de legalismo y luego con los de emocionalismo, para que el resto de los grupos que trataron otro tema puedan opinar también.

Termine la clase con una oración de agradecimiento a Dios por la buena enseñanza que hay en nuestra Iglesia del Nazareno, la cuál nos ayuda a no salirnos del camino hacia la madurez espiritual, el cuál es la voluntad de Dios para nuestra vida.

---

[1] Drury, Keith. *La Santidad para todo creyente.* Indiana, Wesleyan Publishing House: 1995, p. 47.

Definición de términos claves

- **Libertinaje:** Es la tendencia a tergiversar el concepto de libertad en Cristo y cambiarlo por la práctica de aquellas cosas que traen autocomplacencia, que se hacen sin ningún tipo de restricción y que no se sujetan a la voluntad de Dios.

- **Legalismo:** Actitud bajo la cual un ser humano pretende que otros obedezcan a una persona, una regla o una ley, sin admitir variación alguna. Se vuelve en fanatismo y hace que se pierda toda misericordia y consideración en el trato con otras personas.

- **Libre albedrío:** Potestad de escoger entre dos o más opciones y de ser responsable por las decisiones que toma y sus consecuencias.

- **Perfección angelical:** Es la perfección que viven los ángeles, no es como la de Dios, pero es superior a la del ser humano. Por esta perfección los ángeles cumplen la voluntad de Dios con exactitud y con un profundo amor.

- **Emocionalismo:** Desborde de emociones que suele confundirse con un alto nivel de espiritualidad o con la experiencia de llenura del Espíritu Santo. A través de la historia ha tenido diferentes expresiones.

Resumen

A nuestro alrededor hay muchas formas diferentes de comprender la vida de santidad y la experiencia de la llenura de Espíritu. Algunas son bíblicamente correctas y otras equivocadas. Muchos confunden santidad con emocionalismo, legalismo, libertinaje, ser perfecto, ser inmune a la tentación y otras cosas. Identificar estos errores nos ayudará a no caer en ellos y nos mantendrá concentrados en continuar creciendo en la vida santa mientras el Espíritu nos enseña a vivir más cerca del amor de Dios y más lejos del pecado cada día.

ACTIVIDAD 1
A continuación encontrará algunas afirmaciones sobre la vida santa. Señale con "F" las que considere falsas y con "V" las verdaderas.

La persona santificada…

___ tiene libre albedrío (puede pecar o no pecar).

___ es inmune a la tentación.

___ cuando es llena del Espíritu Santo recibe madurez instantánea.

___ puede pensar diferente y no estar de acuerdo en todas las cosas con otros santificados.

___ es igual que los ángeles.

___ levanta las manos para adorar.

___ nunca discute con otro cristiano.

___ se ríe todo el tiempo.

___ habla en lenguaje extraño para orar.

___ no tiene necesidad de pasar al altar a orar.

ACTIVIDAD 2
Reflexione sobre lo siguiente y responda.

Piense en un padre de familia, de unos 40 años. Su esposa acaba de tener un precioso hijo después de muchos años de búsqueda infructuosa, y la enfermera se lo trae al padre para que lo cargue en sus brazos por primera vez.

¿Piensa que puede ese padre matar a su hijo? ¿Tiene las fuerzas suficientes para hacerlo? ¿Tiene los medios disponibles?

La respuesta a todas estas preguntas será un evidente SI PUEDE "técnicamente", pero… ¿Matará el padre a su hijo?

¿Por qué cree usted que no lo haría?

_____

_____

ACTIVIDAD 3
Discuta en grupo sobre las siguientes preguntas y responda.

1. ¿Existen aún hoy algunas de las formas mencionadas de legalismo / emocionalismo en su entorno?

_____

_____
_____
_____
_____

2. ¿Qué otras expresiones modernas de legalismo / emocionalismo conocen?

_____
_____
_____

3. ¿Qué podemos hacer al respecto?

_____
_____
_____

LECTURAS RECOMENDADAS

- Romanos 7:7 – 8:17
- Colosenses 3
- I Timoteo 1
- I Timoteo 4:1-16
- II Timoteo 2:14-26

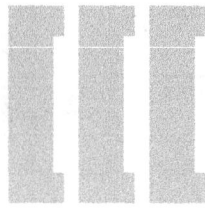

TRAZANDO METAS PARA MI VIDA ESPIRITUAL
LECCIÓN 13

Objetivos de la lección

Que el alumno...

- Comprenda que debe asumir responsabilidad para su crecimiento espiritual.
- Reflexione sobre las maneras en que los cristianos perseveran en la vida llena del Espíritu.
- Mida su estado actual de vulnerabilidad a la tentación.
- Evalúe su crecimiento espiritual hasta hoy.
- Proponga nuevas metas para su vida espiritual en los próximos seis meses.

Recursos

- Una imagen de una vid.
- Una rama de vid (si es posible) o una imagen.
- Uvas frescas o jugo de uva.
- Vasitos y servilletas para repartir a los alumnos.

Introducción

En esta lección vamos a estudiar lo que nos dice la Palabra de Dios sobre la responsabilidad del cristiano de cuidar y crecer en la experiencia de la llenura del Espíritu. Como hemos estudiado en las lecciones de este trimestre, Dios nos salva para que vivamos llenos de su Espíritu y tengamos un estilo de vida de amor perfecto.

Para vivir en esta experiencia de santidad y crecer en ella es muy importante que comprendamos bien ¿cuál es nuestra responsabilidad en cuanto a colaborar con el Espíritu en la obra de restauración que ha iniciado en nuestra vida? ¿Cuáles son los peligros que amenazan mi crecimiento espiritual saludable?

Como en las lecciones anteriores se incluyen es esta última lección algunas ayudas prácticas.

Estudio Bíblico

¿Santo yo? ¿Cómo es la vida de una persona que vive llena del amor santo de Dios? Veamos una ilustración que nos ayudará a captar mejor esta idea.

Un muchachito fue de vacaciones a Europa con su familia. Recorrieron varias ciudades y muchos de los templos más imponentes que el hombre ha construido en la historia. Unos meses después, en la clase de Escuela Dominical su maestra preguntó ¿Qué es un santo? El niño pensó durante un momento y recordó la gran belleza de las inmensas ventanas de aquellas catedrales con sus cristales de variados colores y dijo: "Un santo es una persona que deja pasar la luz de Dios a través de él".

Este niño expresó el concepto de la santidad en pocas palabras con una gran riqueza de significado: La vida santa es una que es transparente y limpia, que permite que la vida de Cristo se muestre con todo su esplendor; amando, sanando, enseñando, y trayendo luz de salvación a todo el que sea posible.

Como dijimos en la introducción vamos a ver algunas cosas que debemos hacer para crecer saludablemente en la vida de amor perfecto.

||| Pida a un alumno que lea San Juan 15: 1-17. |||

En esta enseñanza que Jesús dio a sus discípulos, se encuentran las claves para nuestra permanencia y crecimiento en la vida de amor. Veamos cuáles son:

1. Mantenga su vida centrada en Jesucristo

⫴ Lea nuevamente el verso 4 de Juan 15. Muestre las imágenes de la vid a medida que continúa con la lección. ⫴

Jesús dice que para permanecer en la vida espiritual tenemos que ser como la rama o el sarmiento de la vid. La rama no tiene otra cosa que hacer más que seguir pegada al tronco y dar fruto. Su responsabilidad se limita a recibir la savia y la nutrición que el tronco le trae desde la raíz.

Al contrario de lo que algunos creen, la vida llena del Espíritu sólo requiere vivir conectada a la fuente de vida. Nada puede reemplazar esta comunión íntima con Jesús. Algunos sin darse cuenta la llegan a sustituir por trabajo en el ministerio, u otras ocupaciones legítimas de la vida, es decir, se preocupan más por dar mucho fruto que por estar unidos al Señor del fruto.

Pero si meditamos con seriedad lo que dice la Palabra, nos daremos cuenta de que el fruto no nos dará los nutrientes necesarios para mantenernos vivos espiritualmente hablando. Si usted hace un picadillo de uvas o toma un vaso de jugo de uvas y pone allí dentro una rama de la vid ¿Qué ocurrirá?

Si ponemos nuestra mirada en los resultados de nuestro trabajo, en nuestros logros y triunfos, corremos el peligro de creernos la fuente del fruto. Al fin y al cabo -nos decimos-, ¿no fue la rama la que dio el fruto? Por ello nuestra primera responsabilidad para mantenernos llenos del Espíritu es permanecer unidos a Jesucristo.

2. Crezca en la adoración y mantengase humilde

La vida del cristiano lleno del Espíritu es una de absoluta dependencia de Dios y esta es la base de la adoración. El verdadero adorador se humilla en espíritu y reconoce que toda su vida y la vida de todo lo que le rodea provienen de la mano de Dios. Reconoce que la vid es la que hace todo el trabajo que garantiza su subsistencia para que pueda continuar dando fruto.

En un pueblo de Londres, llamado Hampton Court, hay una vid (o parra) que es famosa porque en ocasiones llega a dar un millón de racimos. Por mucho tiempo el secreto de su productividad era un misterio hasta que alguien resolvió el asunto. Cerca de este lugar donde está sembrada la vid corren las aguas del río Támesis y las raíces de la parra recorren más de cien metros para alimentarse del agua y los ricos nutrientes que posee el fango del río. Las raíces llevan todo el alimento hacia el tronco, la vid hace todo el trabajo y las ramas reciben el beneficio.

Si cortamos una rama de esta vid, ésta se convertirá en un palo seco que sólo servirá para leña (Juan 15:6). El Espíritu Santo es el que nos mantiene unidos a la fuente de vida, que es Cristo y separados de él nada podemos hacer. Es más, todo lo que hacemos, cuando enseñamos, cuando testificamos, cuando servimos, todo depende de él, del fluir de su Espíritu, que es la savia que alimenta nuestra vida.

El cristiano lleno del Espíritu debe perseverar en el reconocimiento de que su vida no es nada, para que el Señor pueda ser el todo de su vida.

3. Mantenga su mente centrada en Cristo y con una actitud positiva

En el verso 11 de Juan 15 dice que si vivimos unidos a la vid tendremos el gozo de Jesús morando en nuestro ser. El gozo en uno de los frutos que el Espíritu trae a nuestra vida, pero si no lo cuidamos y protegemos puede irse de nuestra vida.

Uno de los mayores problemas que afecta a los cristianos es la pérdida del gozo. Esta puede ocurrir por muchas razones, por ejemplo: un cristiano que le ha tratado mal, temor o inseguridad por el futuro, problemas económicos o falta de trabajo, un mal testimonio que ha visto en otros cristianos, estrés o depresión producidos por exceso en el trabajo, ingratitud de otros hacia su servicio para el Señor, ser víctima de alguna situación o trato injusto de parte de los hermanos, entre otros.

Todos estos problemas nos pueden quitar el gozo, sobretodo si tenemos la idea de que la vida cristiana es una vida fácil. Los cristianos que ponen su esperanza en las circunstancias y en las personas pronto se decepcionarán, porque las personas no son perfectas y la vida no es un recreo vacacional. La única manera de perseverar en el gozo del Señor es manteniendo nuestra mente centrada en Jesucristo.

Nada hay más lejos de la vida llena del Espíritu que un cristiano amargado. Una persona con amargura vive llena de rencor, siente lástima de sí mismo, es quejosa, malhumorada, siempre busca defectos en las personas y en lo que hacen las personas. Al otro lado, en cambio, el cristiano lleno del Espíritu echa fuera los pensamientos negativos y no permite que hagan raíces en su corazón.

Para mantener esta mente positiva debemos aprender a ser agradecidos en todo y por todo, para con Dios y para los demás. Esto significa que debo ser agradecido aún por las dificultades, porque es en medio de ellas donde más necesito aferrarme al tronco de dónde se alimenta mi esperanza.

El cristiano crece en gozo cuando aprende a bendecir. Bendecir significa dar palabras de paz, de ánimo, de perdón, de aceptación. El Espíritu quiere enseñarnos a llevar nuestros pensamientos por la ruta de la bendición y usar nuestra boca como herramienta de bendición, desechando todo hábito y costumbre de hablar pecaminosa.

4. No deje de alimentarse

||| Lea el verso de Juan 15:7. |||

La savia que corre por el tronco y que trae los nutrientes a nuestra vida es esta maravillosa asociación del Espíritu Santo y la Palabra de Dios. Cuando el Espíritu llena al creyente, pone en su vida el deseo de conocer más del Señor y le anima a practicar una reflexión más profunda de la Palabra de Dios. Todo esto redunda en mayor crecimiento, en una vida cristiana más fuerte, más sólida. Sin embargo, para que esto sea posible, el cristiano debe disciplinarse en dedicar tiempo y esfuerzo al estudio, manteniendo hábitos saludables como: asistir a los cultos, ir a clases de estudio bíblico, disfrutar la amistad y la conversación con los hermanos, ayudar a discipular a otros, estudiar la Palabra a solas y en grupo y perfeccionarse en la práctica de sus dones para el ministerio. Todo esto le ayudará a crecer saludable.

Es bueno que hagamos una advertencia aquí, no debe equipararse el crecimiento espiritual con conocimiento intelectual. El crecimiento del cristiano no consiste sólo en aprender cierta información de la Biblia. Algunas personas pueden llegar a saber mucho acerca de Dios, pero en realidad no le conocen, ni le sirven con sus vidas. El conocimiento intelectual conlleva en sí mismo el peligro del envanecimiento que tan sólo edifica el orgullo, pero este por sí sólo no cambia la forma de vivir (Santiago 2:18, Efesios 5:8, Mateo 7:16).

No queremos decir que el conocimiento es malo, por el contrario, afirmamos que es bueno cuando comprendemos que es tan sólo el primer escalón en el progreso hacia la madurez. Para crecer en la vida espiritual se necesita además pasar por una variedad de experiencias como adorar, tener compañerismo, estudiar y poner en práctica lo aprendido en nuestra vida. El crecimiento espiritual forma nuestro carácter, nuestra visión, y nos provee de habilidades para el ministerio.

En Filipenses 3:13 el apóstol Pablo dice: *"...no pretendo haberlo ya alcanzado..."* El camino hacia la madurez cristiana es para transitarlo toda la vida. A medida que avanzamos podemos reconocer lo que nos hace falta y así ponernos en acción para remediarlo. Para crecer en santidad de vida es imprescindible reconocer delante de Dios que necesitamos de él para llegar a la meta. Esta actitud humilde es necesaria para dejarnos formar por las Escrituras y por nuestros líderes y maestros cristianos.

Este proceso de crecimiento lleva todo el resto de la vida a una persona. Es por ello que en la iglesia todos seguimos siendo discípulos, aún los líderes que están en las posiciones de mayor responsabilidad. Recordemos que el crecimiento espiritual del cristiano es intencional, no automático (Hebreos 5:12, Filipenses 2:12, Romanos 6:13).

Para vivir lleno del Espíritu es indispensable seguir alimentándose y nutrirse de la mejor manera posible para crecer fuertes y saludables en esta nueva vida.

||| Reparta las uvas. Puede decir algo así: Las uvas más dulces son las que maduran aferradas a la vid. De la misma manera, la vida del cristiano y la cristiana que se alimentan conectados a Jesucristo, transmite dulzura a la gente que les rodea. Pregunte a la clase: ¿Cómo le gustaría a usted ser recordado? ¿Cómo una uva agria o como una uva dulce? |||

5. Obedezca al Señor en todo tiempo y en todo lugar

Pida a los alumnos que en grupos de dos respondan a las preguntas de la actividad 1. Luego dígales que los que acertaron son los que señalaron como verdadera: "La santidad de corazón sólo es posible mediante una vida disciplinada".

Esto es lo que quiso enseñar el apóstol Pedro en el verso 13 cuando dice: *"...ceñid los lomos de vuestro entendimiento"*. Esta figura nos recuerda la costumbre oriental de amarrarse la túnica con un cinturón en preparación para ponerse en acción. Lo que está diciendo aquí el apóstol Pedro es que es nuestra responsabilidad tomar la decisión de poner en práctica las enseñanzas de la Palabra de Dios en nuestro vivir.

Como vemos, la vida de obediencia es la vida normal del discípulo de Cristo, como dice el verso 15: *"sino como Aquel que os llamó es santo sed también vosotros santos..."*

Un periodista le preguntó a la Madre Teresa de Calcuta: *"¿Qué opina acerca de lo que dice la gente de que usted es una santa?"* Ella contestó: *"¡No veo porqué me ven como algo extraordinario, santos es lo que todos debemos ser. Para eso nos ha creado Dios, es lo más natural que debe ocurrir en la vida de cada ser humano!"*

Vivir en santidad no es una opción, es un llamado y una vocación para todos los cristianos.

Pedro termina diciendo en *"toda vuestra manera de vivir"*. ¿En dónde y cuándo debemos vivir en obediencia perfecta a la voluntad de Dios para nuestra vida? La respuesta bíblica es un absoluto total: "en el cien por ciento de la vida". Esto se refiere a la vida pública y a la vida privada. Abarca los motivos, los deseos, los sentimientos, las actitudes, lo que decimos, lo que pensamos y lo que hacemos.

En nuestra vida existe una dimensión que los demás pueden ver, y otra muy íntima que sólo Dios y nosotros conocemos. La obediencia más difícil para el cristiano es la que tiene que ver con la vida privada. Allí estamos solos con nuestros pensamientos, nuestros deseos y nuestras motivaciones. Pero cuando nos mantenemos puros y obedientes en nuestra vida privada, los resultados saltan a la vista cuando estamos con otros.

Algunos cristianos intentan mantener una doble vida y puede que lo logren por un tiempo, pero tarde o temprano la falta de vida espiritual se hace notar en su vida. No es posible vivir lleno del Espíritu para servir en la iglesia y vivir a nuestro antojo en la vida privada. Esto causa muchos problemas, no sólo a la persona que permanece en pecado, sino que daña el testimonio de la iglesia, y llega a alejar a los hijos de estos creyentes del camino del Señor.

El gran desafío para nosotros es vivir en pureza y obediencia del cien por ciento, delante de Dios, de nosotros mismos y de nuestros prójimos.

6. RESISTA LAS TENTACIONES

No hay una vacuna contra la tentación y no hay cristiano que este libre de ella. Satanás tiene como blanco de sus ataques al cristiano lleno del Espíritu. Su estrategia más común es hacerle dudar de la Palabra de Dios y de su progreso espiritual. Veamos unos ejemplos.

·······························o **Pida a los alumnos que completen la actividad 2.**

Las tentaciones han tenido éxito una y otra vez, aún en la vida de personas que estaban sirviendo a Dios con sus vidas. Las tentaciones más peligrosas son aquellas que nos atacan en los momentos en que somos más vulnerables (a Jesús lo tentó Satanás cuando estaba cansado y hambriento).

Cualquier cristiano puede caer en la tentación alguna vez, aún el que está lleno del Espíritu. Por lo general no serán grandes pecados: un mal pensamiento, una mala decisión, una palabra ofensiva por perder la paciencia, una expresión de orgullo, entre otros. Estos pequeños pecados pueden ser aquellas grietas peligrosas por las cuáles nuestra vida llegue a deslizarse y caer en un abismo de pecado más profundo.

Para evitarlo, es importante, que cuanto el Espíritu Santo nos alerta del peligro de la tentación busquemos fuerza de Dios para resistirla en oración. Si se ha caído, lo mejor es pedir perdón de inmediato a Dios y a quien ha recibido el daño de nuestra conducta. Así como el viñador poda la viña, el cristiano lleno del Espíritu necesita que su vida se mantenga limpia en todo el tiempo.

Todos nosotros pasamos por etapas de debilidad en nuestra vida donde somos más vulnerables a la tentación. En cuanto nos sea posible, debemos evitar entrar en estas áreas peligrosas, aunque no siempre será factible. Por ejemplo, los cristianos trabajamos a veces en exceso. Tenemos responsabilidades laborales, en la casa, con la familia, en la iglesia y muchos agregan y agregan compromisos en sus días al punto de no tener un momento de descanso. Es bueno periódicamente hacerse un auto examen para determinar si estamos abusando de nuestro físico y nuestra mente al punto de debilitarlos y hacerlos vulnerables a las tentaciones.

·····o Pida a los alumnos que completen la actividad 3. Una vez que tengan las sumas de su estado de vulnerabilidad a la tentación pídales que lean la interpretación de puntajes.

7. TENGA METAS CLARAS

¿Cómo se llega a ser santo en toda la manera de vivir?

Pida a un alumno que lea en voz alta Filipenses 3:13-14.

En la vida cristiana si no avanzamos, nos deterioramos. La clave es no dejar de crecer. Pablo dice *"extendiéndome a lo que está delante prosigo a la meta"*.

¿Quién dijo que la vida cristiana es aburrida? Por el contrario, la vida cristiana es una que siempre nos presenta nuevos desafíos, nuevas montañas espirituales que escalar, nuevos mares de conocimiento que navegar. Para el intelectual, Jesucristo es una fuente inagotable de conocimiento; para la persona práctica, Jesucristo es el Dios que cada día nos sorprende con pequeños milagros; para el artista, Dios es el autor de inagotables maravillas; para el romántico, Dios es la fuente de amor... La vida cristiana es una vida donde siempre hay algo mejor y maravilloso que Dios tiene para nosotros.

Este pasaje enseña el valor de tener metas en la vida. Para alcanzar una meta se necesita determinación. El cristiano que alcanza la meta es aquel que no se rinde ante las dificultades. Debemos tener claro que la salvación y la perfección cristiana es por la fe, pero el crecimiento depende de que nosotros prosigamos hacia esa meta de madurez a la que el Espíritu nos guía.

Las metas en la vida espiritual nos ayudan a evitar los siguientes peligros: el estancamiento, la vida cristiana mediocre y el conformismo.

Las metas nos ayudan a acercarnos más a Dios, conocer más a Cristo, depender más de Él, y ser cada día más semejantes a Él.

·····o Termine la clase con las actividades 4, 5 y 6.

Definición de términos claves

- **Tentación:** Estímulo que induce a obrar mal. Puede provenir de nuestros propios malos deseos internos o de las circunstancias que se presentan en la vida y que despiertan estos deseos.
- **Meta:** Finalidad, objetivo o propósito que una persona se traza.
- **Humilde:** Actitud de la persona que no presume de sus logros, reconoce sus fracasos y debilidades y actúa sin orgullo.

Resumen

La permanencia del cristiano en la vida llena del Espíritu depende de su propio compromiso y obediencia manteniéndose unido a Jesús y lejos del pecado. No existe una vacuna contra la tentación, los creyentes santificados también experimentan tentación pero cuentan con la ayuda del Espíritu Santo para reconocerla. Si el creyente peca es indispensable que se arrepienta y no permanezca en el pecado. La formación de la vida de Cristo en el cristiano demanda que este tenga metas claras para su crecimiento espiritual y se discipline para alcanzarlas. Siempre hay nuevas metas adelante para crecer en la vida llena del Espíritu.

ACTIVIDAD 1

Lea 1 Pedro 1:13-16 y responda las siguientes preguntas.

1. ¿Qué clase de hijos desea Dios que seamos?

_____

2. ¿Qué tipo de deseos tienen las personas que no han nacido de nuevo?

_____

3. ¿Qué es lo que lleva a las personas a vivir en pecado satisfaciendo los deseos de la carne?

_____

4. ¿Quién es el que nos llama a ser santos y por qué?

_____

5. ¿Cómo es posible permanecer en nuestra vida santos y puros de corazón? Escoja la opción que considere verdadera:

____ La santidad de corazón permanece aunque cometamos pecado.

____ La santidad de corazón sólo es posible mediante una vida disciplinada.

____ La santidad de corazón es responsabilidad de Dios y no nuestra.

____ La santidad de corazón sólo es posible para los que están en la vida eterna.

ACTIVIDAD 2

¿Está su vida de santidad siendo atacada por las tentaciones? Señale en la siguiente lista los pensamientos que han venido a su vida en las últimas semanas.

____ Creer que su vida de santidad de corazón depende totalmente de su esfuerzo.

____ Pensar que es mejor que los demás por su vida de santidad de corazón.

____ Sentir que por su vida de pureza de corazón merece ciertos privilegios.

____ Demandar reconocimientos y felicitaciones por su vida de santidad de corazón.

____ Buscar su propia autosatisfacción con su vida de santidad de corazón sin darle la gloria a Dios.

____ Olvidar que otros necesitan ayuda para alcanzar santidad de corazón.

____ Detener el desarrollo de su experiencia de santidad de corazón.

ACTIVIDAD 3
Realice el siguiente auto examen para medir su estado de vulnerabilidad ante la tentación.[1]

En cada momento de nuestra vida nos encontramos en diferentes niveles de sensibilidad a la tentación. El siguiente auto examen le ayudará a medir cómo se encuentra su sensibilidad ahora. Cada una de estas diez categorías tiene un extremo más negativo y va pasando por una escala ascendente desde 1 a 10 para llegar al lado más positivo. Marque con un círculo el número que identifica en cada categoría como se encuentra en este momento:

1.	Físicamente exhausto/cansado	1-2-3-4-5-6-7-8-9-10	Enérgico/ Fuerte
2.	Emocionalmente desanimado/ Deprimido	1-2-3-4-5-6-7-8-9-10	Animado/ Estimulado
3.	Mentalmente aburrido/ Descontento	1-2-3-4-5-6-7-8-9-10	Ilusionado/ Contento
4.	Espiritualmente agotado/ Vacío	1-2-3-4-5-6-7-8-9-10	Realizado/ Pleno
5.	Geográficamente distante/ Solo	1-2-3-4-5-6-7-8-9-10	Cercano/ Unido
6.	Alejado de los demás/ Frío.	1-2-3-4-5-6-7-8-9-10	Cercano/ Cálido
7.	Interiormente pesimista/ Triste	1-2-3-4-5-6-7-8-9-10	Optimista/ Feliz
8.	Inseguro a nivel personal/ Poco seguro	1-2-3-4-5-6-7-8-9-10	Seguro/ Confiado
9.	Amargado en secreto/ De mal genio	1-2-3-4-5-6-7-8-9-10	Perdonador/ Tolerante
10.	Profundamente resentido/ Lastimado	1-2-3-4-5-6-7-8-9-10	Apreciado/ Amado
	Mi suma de hoy es:		

Interpretación de los puntajes

Area saludable

90-100	¡Usted no está en este mundo, ya está en los cielos con Dios!
80-89	Está muy fortalecido, pero quizás debe tener cuidado con el orgullo y la arrogancia.
70-79	Esta fuerte, mantenga su dependencia del Señor.
60-69	Usted va por el camino adecuado, manténgase en obediencia al Señor.

[1] Adaptado de Bruce Wilkinson. *Santidad personal en momentos de tentación.* Miami: Unilit, 1998, pp. 157-158.

Area de peligro

50-59	Se encuentra débil y emocionalmente vulnerable. Pida a otros que oren por usted por fortaleza.
30-49	¡Usted está en peligro! Protéjase muy bien porque está débil. Busque un amigo cristiano de su mismo sexo para que le preste ayuda.

Zona de crisis

20-29	La situación es crítica, posiblemente usted ya cedió a algún pecado grave. Busque ayuda de un consejero cristiano y arrepiéntase.
1-19	¿Está usted respirando? ¿Puede mover el cuerpo? Usted necesita nacer de nuevo, porque su vida no es la de un discípulo de Cristo.

ACTIVIDAD 4.

A continuación se incluye una lista con ejemplos de actitudes que el cristiano puede tomar en su vida. Algunas de ellas son positivas y favorecen su crecimiento espiritual, otras son negativas en el sentido que le mantienen estancado, detienen su crecimiento. Evalúe cómo está su vida actualmente en cada aspecto con la tabla siguiente: 1= nunca, 2 = a veces, 3 = la mitad del tiempo, 4 = casi siempre, y 5 = siempre.

Columna A	Columna B
___ Me lamento por los fracasos en la vida pasada.	___ Miro el futuro con esperanza.
___ Olvido los errores que cometo.	___ Aprendo de mis errores.
___ No noto mucho cambio en mi vida.	___ Cada cosa que aprendo trato de vivirla.
___ Me aburro en los cultos.	___ Voy a los cultos con entusiasmo.
___ No tengo amigos de verdad que sean cristianos.	___ Tengo buenos amigos en la iglesia.
___ Doy ofrendas porque hay que hacerlo.	___ Dar ofrendas es un privilegio.
___ No estoy de acuerdo en amar tanto a otros.	___ Me preocupo por crecer en amor.
___ Tengo mucho tiempo para llegar a ser un cristiano maduro.	___ Deseo ser un cristiano maduro.
___ No tengo tiempo para trabajar en la iglesia.	___ Disfruto del trabajo en la iglesia.
___ Critico a mi pastor y mis líderes.	___ Agradezco por mi pastor y líderes.
___ Si algo me gusta me lo pongo.	___ Tengo cuidado en mi forma de vestir.
___ La gente debe tolerar mi carácter porque Dios me hizo así.	___ Pido perdón si digo o hago algo indebido.
___ Yo sé demasiado de esto...	___ Tengo más que aprender sobre esto...
___ Mis logros se deben a mis habilidades.	___ Mis logros se los debo al Señor.
___ En mi casa mando yo	___ En mi casa el Señor es Jesús.

Nota: si frecuentemente tiene actitudes de la columna A, estas no están favoreciendo su crecimiento.
Si tiene más de la columna B, siga adelante, muestra signos de crecimiento y madurez en su vida.

ACTIVIDAD 5

Las siguientes preguntas le ayudarán a evaluar su desarrollo espiritual hasta aquí. Responda Si o No.

___ ¿Puedo decir que conozco más a Dios que hace dos meses?

___ ¿Los principios bíblicos que aprendí han cambiado en algo mi vida estos últimas semanas?

___ ¿Invierto tiempo a diario en leer la Palabra de Dios y meditar en ella?

___ ¿Los tiempos que dedico para orar, tanto personal como congregacional, son de fortaleza y edificación para mi vida, la de mi familia y mi congregación?

___ ¿Mi familia ha notado los cambios que Cristo ha producido en mi carácter?

___ ¿Mis amigos y vecinos han notado que soy un cristiano por mi estilo de vida?

___ ¿Necesito conocer y crecer más en mi experiencia cristiana?

___ ¿Considero que conozco lo suficiente como para ayudar a otros?

___ ¿Busco la dirección de Dios para tomar decisiones para mi vida y la de mi familia?

___ ¿Ha mejorado el compañerismo con mi pareja?

___ ¿Asisto regularmente a los cultos de mi iglesia?

___ ¿Uso mis dones trabajando voluntariamente en los ministerios de la iglesia?

___ ¿Doy el diezmo de todos mis ingresos? ¿Ofrendo con generosidad?

ACTIVIDAD 6.

Escriba unas metas para su crecimiento espiritual en los próximos seis meses. Puede ver sus áreas débiles en los resultados de la actividad 4 y 5. Antes ore para pedir al Espíritu Santo que le muestre aquellas áreas en que necesita mayor crecimiento.

1. En cuando a mi relación con Dios

_____

_____

_____

_____

2. En cuanto a mi relación con mi familia

_____

_____

_____

_____

3. En cuando a mi relación con mis hermanos

_____

_____

_____

_____

4. En cuanto a mi testimonio al mundo

_____

_____

_____

_____

LECTURAS RECOMENDADAS

- 1 Timoteo 6:11-19
- Efesios 5:1-33
- Efesios 6:10-20
- 1 Pedro 1:13-2:3
- Filipenses 3
- Gálatas 5:1-15

www.ingramcontent.com/pod-product-compliance
Lightning Source LLC
Chambersburg PA
CBHW081512040426
42447CB00013B/3198